Alexandre Koyré
Vergnügen bei Platon

Alexandre Koyré

Vergnügen bei Platon

Aus dem Französischen und mit einem Nachwort
von Horst Günther

Verlag Klaus Wagenbach Berlin

Veröffentlicht mit Unterstützung der Maison des sciences de l'homme, Paris, und des französischen Ministeriums für Kultur.

Wagenbachs Taschenbuch 285
Originalausgabe

Introduction à la lecture de Platon erschien erstmals 1945 auf französisch in New York.
 Umschlaggestaltung Groothuis+Malsy, Bremen. Autorenphoto © Archiv Verlag Klaus Wagenbach. Das Karnickel auf Seite 1 zeichnete Horst Rudolph. Gesetzt aus der Korpus Seneca (Berthold) durch die Offizin Götz Gorissen, Berlin. Gedruckt auf chlor- und säurefreiem Papier und gebunden durch die Druckerei Wagner, Nördlingen. Printed in Germany.
ISBN 3 8031 2285 6

Inhalt

Die Dialoge

Die Politik

Der Dialog

Platon lesen ist ein großes Vergnügen. Es ist sogar eine große Freude. Die wunderbaren Texte, worin eine einzigartige Vollendung der Form sich mit einer einzigartigen Tiefe des Denkens verbindet, haben dem Verschleiß der Zeit widerstanden. Sie sind nicht veraltet. Sie sind stets lebendig. Lebendig wie in den fernen Zeiten, als sie geschrieben wurden. Die neugierigen und peinlichen Fragen – was ist Fähigkeit? Mut? Religion? was wollen diese Wörter sagen? – Fragen, mit denen Sokrates seine Mitbürger nervte und in Wut brachte, sind heute ebenso brennend – und, übrigens, genauso verwirrend und genauso peinlich – wie damals.

Deshalb wahrscheinlich verspürt der Leser Platons manchmal ein gewisses Unbehagen, eine gewisse Verwirrung. Die gleiche zweifellos, die damals die Zeitgenossen von Sokrates verspürten.

Auf die Probleme, die Sokrates stellt, würde der Leser gern Antworten erhalten. Nun, diese Antworten verweigert Sokrates ihm meistens. Die Dialoge – zumindest die »sokratischen« Dialoge, die uns hier allein beschäftigen[1] – kommen zu keinem Ergebnis. Die Diskussion verläuft im Sande, mit einem Eingeständnis der Unwissenheit. Durch seine hinterhältigen und genauen Fragen, durch seine unerbittliche und scharfsinnige

1 »Sokratisch« nennt man die Dialoge aus Platons Jugend und reifer Zeit; in diesen Dialogen spielt Sokrates die Hauptrolle; das erörterte Problem ist meistens ein moralisches Problem; im allgemeinen kommen diese Dialoge nicht zu einer positiven Schlußfolgerung (d.h. sie sind aporetisch).

Dialektik hat Sokrates uns rasch die Schwäche der Argumente seines Gesprächspartners bewiesen, seine unbegründeten Meinungen, seinen nichtigen Glauben ... aber wenn dieser, in die Klemme geraten, sich gegen Sokrates wendet und ihn seinerseits fragt: »Und du, Sokrates, was denkst du darüber?«, entzieht sich Sokrates. Es ist nicht seine Sache, sagt er uns, Meinungen zu äußern und Theorien zu formulieren. Seine Rolle ist es, die anderen zu prüfen. Was ihn betrifft, so weiß er nur eines, nämlich daß er nichts weiß.

Man begreift mühelos, daß der Leser sich nicht befriedigt fühlt; daß er fühlt, wie ein unbestimmtes Gefühl des Mißtrauens sich seiner bemächtigt; daß er den dunklen, aber sehr deutlichen Eindruck hat, daß man sich über ihn lustig macht.

Die Historiker und Kritiker Platons beruhigen uns meistens.[2] Die allgemeine Struktur und die Besonderheiten der sokratischen Dialoge und besonders das Fehlen eines Ergebnisses erklären sich, so sagt man uns, eben aus der Tatsache, daß sie *sokratisch* sind, das heißt aus der Tatsache, daß sie mehr oder weniger treu eben den Unterricht des Sokrates, seine freien und nicht schulmäßigen Unterhaltungen auf den Straßen und Sportplätzen Athens wiedergeben. Der sokratische Dialog, er sei nun von Platon, von Xenophon oder von Aischines von Sphettos geschrieben, hat nicht das Ziel, uns eine Lehre einzutrichtern – die Sokrates, wie jedermann weiß, und wie er es uns selbst immer wieder beteuert, nie besessen hat –, sondern uns ein Bild darzustellen: das strahlende Bild des ermordeten Philosophen; sein Andenken zu verteidigen und zu verewigen und uns eben dadurch seine Botschaft zu überbringen.

Diese Botschaft, sagt man uns, ist zweifellos eine philosophische Botschaft. Und die Dialoge enthalten eine Lehre. Aber,

2 Um unseren Text leichter zu machen, haben wir die gelehrten Anmerkungen und die Verweise unterdrückt: für ein breiteres Publikum sind sie unnütz, die Fachkenner werden sie selbst ergänzen.

Die formale Vollendung des platonischen Werks ist ein Gemeinplatz. Jeder weiß, daß Platon nicht nur ein großer, ein sehr großer Philosoph war, sondern auch (manche sagen sogar: vor allem) ein großer, ein sehr großer Schriftsteller. Alle seine Kritiker, alle seine Historiker rühmen übereinstimmend seine unvergleichliche literarische Fähigkeit, den Reichtum und die Verschiedenartigkeit seiner Sprache, die Schönheit seiner Beschreibungen und die Gewalt seines erfinderischen Genies. Jedermann erkennt, daß Platons Dialoge wunderbare dramatische Kompositionen sind, worin vor unseren Augen die Ideen und die sie tragenden Menschen aufeinanderstoßen und sich gegenüberstehen. Jedermann fühlt, wenn er einen Dialog Platons liest, daß man ihn spielen, auf die Bühne bringen könnte.[5] Jedoch zieht man daraus selten die Folgerungen, die naheliegen und die uns eine gewisse Bedeutung für das Verständnis von Platons Werk zu haben scheinen. Versuchen wir daher, sie so knapp und einfach wie möglich zu formulieren.

Die Dialoge sind – wie gesagt – dramatische Werke, die gespielt werden könnten – und sollten. Nun spielt ein dramatisches Werk nicht im Abstrakten, vor leeren Sitzreihen. Es setzt notwendig ein Publikum voraus, an das es sich wendet. Mit anderen Worten, das Drama – oder die Komödie – implizieren den Zuschauer oder, genauer, den Hörer.[6] Das ist noch nicht alles: dieser Zuschauer-Hörer hat innerhalb der dramatischen Vorstellung eine Rolle und eine sehr wichtige Rolle zu spielen. Das Drama ist kein »Schauspiel« und das Publikum, das dem Drama beiwohnt, verhält sich nicht oder darf sich zumindest nicht als reiner »Zuschauer« verhalten. Es muß mit dem Autor zusammenarbeiten, seine Absichten verstehen und Folgerun-

5 Man hat es übrigens getan: zu Ciceros Zeit ließen die römischen Intellektuellen die Dialoge aufführen.

6 In einem gewissen Maß wird seine Rolle im antiken Drama und in der Komödie vom Chor gespielt; aber im Dialog gibt es keinen Chor.

gen aus der Handlung ziehen, die sich vor ihm abspielt; er muß dessen Sinn begreifen und sich damit durchdringen. Und diese Zusammenarbeit des Hörers, des Publikums mit dem dramatischen Werk ist um so wichtiger und größer, je vollkommener und je mehr es wahrhaft »dramatisch« ist. Erbärmlich in der Tat wäre das Theaterstück, worin sich der Autor gewissermaßen selbst auf die Bühne stellte und sich kommentierte und selbst erklärte.[7] Oder umgekehrt wäre das Publikum erbärmlich, dem man eine solche Erklärung, einen solchen autorisierten Kommentar geben müßte.

Aber, noch einmal, der Dialog – zumindest der wahre Dialog, wie es Platons sokratische Dialoge sind,[8] der Dialog als literarische Gattung und nicht als einfacher Kunstgriff der Darstellung, wie bei Malebranche oder Bruno – ist ein dramatisches Werk.[9] Daraus folgt, daß es in jedem Dialog neben den beiden offensichtlichen Personen – den beiden Gesprächspartnern, die sich unterhalten – eine dritte, unsichtbare, aber gegenwärtige und ebenso wichtige Person gibt: den Leser-Hörer. Nun war Platons Leser-Hörer, das Publikum, für das sein Werk geschrieben wurde, eine einzigartig erfahrene Person, erfahren in vielen Dingen, die wir, leider! nicht kennen und

7 Es ist daher lächerlich, in einem dramatischen Werk von hoher Kraft wie im Werk Shakespeares zum Beispiel den Sprecher des Autors zu suchen. Im und durch das ganze Werk drückt sich sein Verfasser aus.

8 Selbst bei Platon sind die »Dialoge« seines Alters keine wahren *Dialoge*; z.B. der *Timaios*, der das Vorbild der mittelalterlichen Pseudo-Dialoge zwischen *Magister* und *Discipulus* wurde.

9 Der moderne Dialog, der von Berkeley und von Malebranche, von Bruno oder von Schelling – und die Liste ließe sich verlängern – ist gerade nicht *dramatisch*. Einer der Gesprächspartner – schon sein Name Philonous oder Theophil oder Philothée bezeichnet ihn – dient dem Autor als Sprecher. Der moderne Dialog – mit der einzigen Ausnahme, vielleicht, von Galilei und von Hume [Diderot nicht zu vergessen!] – liest sich wie ein beliebiges anderes Buch.

zweifellos nie kennen werden; und einzigartig intelligent und scharfsinnig. Deshalb verstand er viel besser, als wir es tun können, die in den Dialogen verstreuten Anspielungen und täuschte sich nicht über den Wert von Elementen, die uns häufig nebensächlich vorkommen. Deshalb kannte er die Bedeutung der *dramatis personae*, der Hauptfiguren im Dialog. Er konnte auch selbst die sokratische – oder platonische – Lösung der Probleme entdecken, die der Dialog offensichtlich ungelöst ließ.

Offensichtlich … denn aus den sehr einfachen und im Ganzen banalen Betrachtungen über die Struktur und den Sinn des Dialogs, die wir angestellt haben, scheint uns zu folgen, daß jeder Dialog eine Schlußfolgerung enthielt. Eine nicht von Sokrates formulierte Schlußfolgerung, zweifellos; aber eine, die der Leser-Hörer selbst zu formulieren die Pflicht hat.

Wir fürchten, daß der moderne Leser nicht völlig befriedigt ist. Warum, wird er vielleicht sagen, alle diese Komplikationen? Wenn Sokrates eine Lehre besitzt, eine Lehre, die Platon mit aller Evidenz vollkommen kannte, warum läßt er uns herumirren, statt sie klar und einfach darzulegen? Und wenn man einwände, daß das Fehlen einer ausdrücklichen Schlußfolgerung zum Wesen des Dialogs gehört,[10] würde er gewiß antworten, daß niemand Platon zwinge, diese so besondere Art der Darstellung zu wählen, und daß er sehr wohl, wie wir selbst es tun, Bücher schreiben und die sokratischen Lehren so darlegen konnte, daß sie von allen seinen Lesern verstanden und gelernt werden könnten.

Ein weiteres Mal hat der moderne Leser zugleich Recht und Unrecht. Er hat Recht mit seiner Einschätzung, daß die von Platon gewählte Darstellungsweise die sokratische Lehre nicht

10 Was nicht völlig richtig wäre: so stellt Sokrates in der *Politeia* eine positive Lehre dar.

leicht zugänglich macht. Im Gegenzug dazu hat er Unrecht in der Meinung, Platon habe sie leicht zugänglich machen wollen. Ganz im Gegenteil war das für Platon nicht durchführbar. Und nicht einmal wünschenswert.[11]

In der Tat wird für Platon die wirkliche Wissenschaft, die einzige, die dieses Namens würdig ist, nicht aus Büchern gelernt und der Seele nicht von außen aufgeladen; in ihr und durch sie, durch ihre eigene innere Arbeit erlangt die Seele die Wissenschaft, entdeckt und erfindet sie. Die durch Sokrates gestellten Fragen – das heißt durch den, der weiß – erregen, befruchten und leiten sie (darin besteht die berühmte sokratische Hebammenkunst); sie selbst muß allerdings die Antwort geben.

Was diejenigen betrifft, die das nicht können und die daher den impliziten Sinn des Dialogs nicht verstehen, um so schlimmer für sie. Platon hat in der Tat nie behauptet, daß die Wissenschaft, und noch weniger, daß die Philosophie für alle zugänglich seien und daß jedermann fähig sei, sie zu betreiben. Er hat sogar stets das Gegenteil gelehrt. Und gerade deshalb ist die eigentümliche Schwierigkeit des Dialogs – Unabgeschlossenheit, Forderung einer persönlichen Anstrengung von seiten des Leser-Hörers – für Platon kein Fehler, sondern im Gegenteil ein Vorzug und sogar der größte Vorzug dieser Darstellungsart; er enthält eine Probe und erlaubt es, die Verstehenden von den zweifellos viel Zahlreicheren, die nicht verstehen, zu trennen.

Aber all das kann abstrakt und abstrus erscheinen. Nehmen wir doch ein paar Beispiele.[12]

11 Der philosophische – platonische – Unterricht ist in gewissem Maße esoterisch. Das darf man nie vergessen.

12 Wir nehmen uns drei davon vor: den *Menon*, den *Protagoras* und den *Theaitetos*, ohne uns der chronologischen Ordnung ihrer Abfassung zu unterwerfen.

Menon

Jeder kennt den zauberhaften kleinen Dialog, der nach seiner Hauptperson *Menon* heißt. Wir werden knapp den Inhalt und die Gliederung in die Erinnerung rufen.[13]

Zunächst die *dramatis personae.* Sie sind nicht zahlreich: außer Sokrates Menon, ein thessalischer Söldnerführer, der am Zug der Zehntausend mit Xenophon teilnehmen und nicht davon heimkehren wird; Anytos, ein reicher Athener Bürger, der künftige Ankläger des Sokrates; und schließlich ein namenloser Sklave Menons.

Der Dialog beginnt ziemlich abrupt. Menon stellt Sokrates geradeheraus die berühmte, in den philosophischen Kreisen Athens erörterte und vielumstrittene Frage: »Ist die Tüchtigkeit (**aretē**, früher sagte man Tugend)[14] lehrbar oder nicht? Und wenn nicht, wie erwirbt man sie dann? Durch Übung oder, wenn auch das nicht der Fall wäre, woher kommt sie uns? Wäre sie eine Gabe der Natur oder hätte sie noch einen ande-

13 Es ist hier nicht unsere Absicht, eine Darstellung oder einen Kommentar der Dialoge zu geben, die wir als Beispiele nehmen. Den Kommentar werden unsere Leser – das hoffen wir zumindest – selbst machen, wenn sie Platon lesen oder wieder lesen. Sie werden dabei die hier zitierten oder angesprochenen Texte wiederfinden.

14 Die »antike Tugend« (**aretē**, *virtus*) ist bekanntlich etwas völlig anderes als die christliche Tugend, etwas viel Männlicheres und keineswegs demütig. Man könnte sich fragen, ob man nicht besser einen anderen Begriff als »Tugend« zur Übersetzung nehmen sollte; zum Beispiel Wert (›valeur‹ statt ›vertu‹). [Der Übersetzer behilft sich mit ›Tüchtigkeit‹, wenn es im Singular steht; im Plural spricht man noch von primären oder sekundären ›Tugenden‹.]

ren Ursprung?« Auf diese Lawine von Fragen ist Sokrates natürlich nicht in der Lage, eine Antwort zu geben. Mehr noch, er sieht sich nicht nur außerstande zu sagen, ob man die Fähigkeit lehren kann oder nicht, er weiß nicht einmal, was sie ist, und er hat noch nie jemanden gefunden, der das wüßte.

Menon ist ein wenig erstaunt. Wie kann Sokrates so etwas behaupten? Ist er nie dem Gorgias begegnet? Übrigens braucht man sich gar nicht auf Gorgias zu berufen. Jeder weiß, was die Tüchtigkeit ist. Und er, Menon, zuallererst. Jeder weiß, daß es allerlei Arten Tüchtigkeit gibt: die des Mannes und die der Frau, die der Kinder und die der Greise, die der Sklaven und die der freien Männer und so fort. Jede Lage und jedes Handeln hat seine eigne Tüchtigkeit.[15]

Ohne Zweifel, antwortet Sokrates. Aber die Tüchtigkeit selbst und an sich? – Menon versteht das nicht, und Sokrates muß ihm lang und breit erklären, damit alle diese Tüchtigkeiten »Tüchtigkeiten« seien, müssen sie notwendig ein gemeinsames Wesen (**ousia**) besitzen, dessen besondere Formen sie lediglich sind.

Menon hat verstanden (oder glaubt verstanden zu haben): die Tüchtigkeit an sich? das ist ganz einfach: das Vermögen zu herrschen. Menons Definition taugt offensichtlich nichts. Zunächst bezeichnet das Vermögen zu herrschen nur dann eine *Tüchtigkeit*, wenn man es näher bestimmt als das Vermögen, *gerecht* zu herrschen (der Tyrann hat diese Fähigkeit nicht); dann ist es klar, daß Menon nicht das Wesen der Tüchtigkeit definiert hat, sondern ganz einfach eine unter anderen genannt hat. Deshalb gibt Sokrates ihm noch einmal eine Unterweisung

15 Menon hat Recht: es gibt verschiedene »Tugenden« und sogar unvereinbare; die der Frau ist nicht die des Mannes, noch die des Pferdes die des Elefanten. Hätte Menon seinen Gedanken vertieft, wäre er zur Konzeption des Aristoteles gelangt, wo »Tugend« Vollkommenheit bedeutet. Aber Menon hat seinen Gedanken nicht vertieft: er hat sich der Anstrengung verweigert.

in Logik, indem er ihm erklärt, daß wir aus der Tatsache, daß der Kreis eine Figur ist, noch nicht folgern dürfen, jede Figur sei ein Kreis, und daß man die Figur anders definieren müsse (ohne den Begriff des Kreises in die Definition einzuführen).

Noch einmal glaubt Menon verstanden zu haben. Eine allgemeine Definition verlangt Sokrates? Wenn es daran liegt: Tüchtigkeit ist nichts anderes als »gute Dinge zu begehren und sie sich verschaffen können«. Die neue Definition taugt nicht viel mehr als die vorhergehende. Zunächst enthält sie einen unnützen Begriff. »Gute Dinge zu begehren« ist ein Pleonasmus. Jedermann begehrt in der Tat gute Dinge und begehrt nur sie.[16] Niemand begehrt die schlechten, zumindest dann natürlich, wenn er sich nicht täuscht und die für *gute* hält, die es tatsächlich nicht sind. Dagegen ist sie unzureichend. Das »verschaffen können« ist an sich keine Tüchtigkeit (der Dieb ist kein tüchtiger Mensch): also muß man hinzufügen: auf *gerechte* Art.

Nun ist die Gerechtigkeit selbst eine Tugend, folglich hat Menon die Tüchtigkeit durch eine ihrer besonderen Formen definiert oder, wie Sokrates es ausdrückt, das Ganze mit Hilfe eines Teils.

Wir sind nun zu dem Punkt gelangt, wo Menon – der zu wissen glaubte – zuzugeben genötigt ist, daß er ebenso wie Sokrates nicht die geringste Vorstellung davon hat, was die Tüchtigkeit sein könnte. Also muß man die Untersuchung von vorn beginnen. Aber Menon, der ohne Zweifel damit zu Ende kommen will, verschanzt sich hinter einer anderen Frage, die damals in Mode war, und erwidert: wie kann man etwas untersuchen, was man gar nicht weiß? Wie wüßte man, wenn man es gefunden hätte, daß man das gefunden hat, was man sucht?

Der Einwand hat den Schein der Wahrheit und führt weit: er impliziert in der Tat, daß man nichts lernen kann. Platon

16 Das ist bekanntlich Sokrates' grundlegende Überzeugung: niemand begehrt das Schlechte oder tut es absichtlich.

nimmt ihn, sagen wir das gleich, sehr ernst. Sagen wir sogar noch mehr: Platon akzeptiert ihn. Die Theorie der Wiedererinnerung erklärt uns gerade, daß die – tatsächlich unmögliche – Situation, etwas zu suchen, was man überhaupt nicht weiß, nie vorkommt. Tatsächlich sucht man immer das, was man schon weiß. Man bemüht sich, ein unbewußtes Wissen bewußt zu machen, man versucht, sich eines in Vergessenheit geratenen Wissens wiederzuerinnern.[17]

Im *Menon* antwortet Sokrates auf den Einwand, indem er an einen Mythos erinnert und sich auf eine Tatsache beruft. Der Mythos von der Präexistenz der Seelen erlaubt es uns, das Wissen als ein Wiedererinnern aufzufassen, und die Tatsache, daß man jemanden, der sie nicht weiß, eine Wissenschaft lernen lassen kann, ohne sie ihn zu »lehren«,[18] sondern indem man ihn, im Gegenteil, entdecken läßt, beweist wirklich, daß das Wissen nur ein Wiedererinnern ist.[19]

Zu diesem Beweis durch die Tatsache schreitet nun Sokrates. Indem er präzise Fragen an einen jungen Sklaven aus dem Gefolge des Menon stellt und Figuren vor ihn in den Sand zeich-

17 Später wird man sagen, daß diese Erkenntnis der Seele angeboren sei.

18 Der Begriff »lehren« – **didaskein** – bezeichnet das Tun des Lehrers, der dem Schüler das Wissen, das er besitzt, übermittelt. Der Lehrer handelt, der Schüler erfährt die Handlung. Der Lehrer gibt, der Schüler nimmt. Der Lehrer lehrt die Dichtung, der Schüler lernt sie, prägt sie seinem Gedächtnis ein. Die Erkenntnis und Wissenschaft wird ganz anders gelehrt: der Lehrer erklärt, der Schüler versteht.

19 Die Philosophiehistoriker Platons haben im allgemeinen den Mythos der Präexistenz viel zu ernst genommen; viel ernster als Platon selbst, der im Gegenteil den *mythischen* Charakter dieser Lehre unterstreicht und sehr klar andeutet, das sie nichts löst. Tatsächlich würde sich in jeder früheren Existenz das Problem des Wissens (der Erwerbung des Wissens) genau auf die gleiche Art wie in unserer gegenwärtigen Existenz stellen. Die platonische Anamnesis läßt uns Erkenntnisse wiederfinden, die unsere Seele seit je besitzt.

net, läßt Sokrates ihn einen grundlegenden Satz der Geometrie entdecken. Der Sklavenjunge hatte niemals Mathematik gelernt. Deshalb irrt er sich zunächst. Auf die Fragen des Sokrates gibt er jedoch schließlich richtige Antworten: ein offensichtlicher Beweis, daß er sie versteht, ohne sie zu wissen. Tatsächlich *lehren* die Fragen des Sokrates ihn nichts; sie rufen nur ein in seiner Seele schlummerndes und unbewußtes Wissen, das *schon* da war, ins Bewußtsein und wecken es.

Nun haben wir also etwas, womit wir auf die von Menon aufgeworfene Schwierigkeit antworten können; auch – zumindest denkt das Sokrates – hindert uns ja nun nichts mehr daran, die Suche nach der Definition oder, besser, dem Wesen der Tüchtigkeit wieder aufzunehmen. Aber Menon ist nicht dieser Meinung. Er möchte gleich auf seine erste Frage zurückkommen, nämlich: »Ist die Tüchtigkeit etwas, das man lehren kann, oder ist sie ein Geschenk der Natur, und wie kann man sie schließlich erwerben?«

Menons Begehren ist völlig unvernünftig, wie Sokrates es auch nicht versäumt ihm vorzuhalten, denn er will ja die Eigenschaften von etwas untersuchen, dessen Wesen man nicht kennt. Deshalb muß man diese Frage auf Umwegen angehen, sie als Hypothese behandeln, das heißt sich darauf beschränken, die notwendigen Bedingungen zu bestimmen, damit die Tüchtigkeit gelehrt werden könne. Die Antwort ist dann sehr einfach: damit die Tüchtigkeit gelehrt werden könne, muß sie Wissenschaft sein,[20] denn die Wissenschaft ist die einzige Sache, die man lehren kann.[21] Also gilt, wenn die Tüchtigkeit Wissen-

20 Der griechische Begriff **epistēmē** bedeutet »Wissen« und wird in der Umgangssprache auf die Wissenschaften wie auf die Gewerbe angewendet (wissen und wissen, wie man es macht). Er bezeichnet jedoch im Besonderen theoretische Erkenntnis, die Wissenschaft im eigentlichen Sinne im Gegensatz zum praktischen Wissen, **technē**.

21 Um Sokrates' Behauptung zu verstehen, die für den modernen Leser überraschend sein könnte (sie ist es übrigens nicht weniger für

schaft ist, kann man sie lehren; und man kann sie nicht lehren, wenn sie etwas anderes ist.

Jedenfalls, wenn die Tüchtigkeit eine Wissenschaft wäre, dann ließe sie sich tatsächlich lehren. Es gäbe Lehrer der Tüchtigkeit, wie es sie für alle Wissenschaften gibt. Tatsächlich gibt es sie aber dafür nicht. Zumindest hat Sokrates noch nie einen getroffen. Und das ist keine persönliche Meinung des Sokrates: es ist die der Athener im allgemeinen. Anytos, der gerade dazugekommen ist und sich wohl an Menons Seite gesetzt hat, wird es uns, sagt Sokrates, bestätigen.[22]

Man erklärt also dem Anytos, worum es geht: Menon »begehrt diese Weisheit und Tüchtigkeit, mit der die Menschen ihr Hauswesen und den Staat gut verwalten, ihre Eltern ehren, Mitbürger und Fremde aufzunehmen und zu verabschieden wissen, wie es einem Mann von Ehre würdig ist«. Kurz gesagt, Menon verlangt nach dem, was die Griechen »politische Fähigkeit« (**politikē aretē**) nennen oder mit dem modernen Begriff, er möchte ein *Gentleman* werden. An wen muß er sich also

seinen Gesprächspartner), der entgegnen würde, daß man doch viele Sachen lehre, die keine Wissenschaften sind, nämlich Handwerke, Künste usw., so wie man sprechen, tanzen, musizieren lernt usw., muß man sich den zweideutigen Charakter des Begriffs **epistēmē** vor Augen halten, der im gewöhnlichen Sprachgebrauch gerade das bezeichnet, was man lernt. Man muß auch bedenken, daß Sokrates auf Menons Kosten ironisiert: er hat uns gerade gezeigt, daß das was wirklich *Wissenschaft* ist (die Geometrie), nicht im gewöhnlichen Sinn gelernt (**didaskein**) werden kann. Daher kann die Tüchtigkeit, gerade wenn sie Wissenschaft (oder Erkenntnis) ist, nicht »gelehrt« werden und es kann keine Lehrer der Tüchtigkeit geben, wie es sie für die Poesie, Musik und Gymnastik gibt. Denn wenn sie wie die letzteren »gelehrt« werden könnte, dann wäre sie keine wahre Wissenschaft. Wenn man im Gegenteil zugesteht – was man nicht leugnen kann –, daß die wahren Wissenschaften, die mathematischen und sogar die Philosophie, Gegenstand des Unterrichts sind, und wenn man den Begriff des Unterrichts in diesem Sinn bestimmt, dann können einzig die Wissenschaften gelehrt werden, aber nicht die Handwerke und Künste. Das, wenden? Vielleicht an einen von denen, die sich als Meister der Tüchtigkeit ausgeben, das heißt an einen Sophisten? – Anytos platzt heraus: Daß Gott bewahre! Nein, auf keinen Fall zu den Sophisten, denn wenn er auch, Gott sei Dank, niemals bei einem von ihnen gewesen ist, so weiß Anytos doch genau, daß weder sie noch ihre Lehre etwas taugen; sie sind wahrhaftig eine Pest und Landplage. – An wen soll man sich dann wenden? – Anytos meint, daß man keinen Lehrer suchen muß. »Er wende sich an den ersten Besten der rechtschaffenen Athener, sie werden ihn die Normen der Tüchtigkeit lehren, die sie selbst von ihren Vorgängern gelernt haben; Gott sei Dank hat es Athen niemals an rechtschaffenen Männern gefehlt.« – Sokrates stimmt zu; aber das Problem liegt woanders. Sind diese rechtschaffenen Männer in der Lage, die Tüchtigkeit zu lehren? Anytos behauptet das, und dennoch war keine der großen Gestalten der Geschichte Athens in der Lage, sie irgendjemanden und selbst nicht ihre Kinder zu lehren, weder Themistokles noch Thukydides, weder Aristides noch Perikles. Aber ohne Zweifel hätten sie es getan, wenn es möglich wäre. Man muß also vernünftigerweise daraus schließen, daß es unmöglich ist und daß die Tüchtigkeit nicht lehrbar ist. Anytos hat nichts zu erwidern. Deshalb wird er ärgerlich und beschuldigt Sokrates, Athen und seine Staatsmänner zu verleumden.

Anytos hat dem Beginn des Dialogs, den Fragen – und Unterscheidungen – Menons nicht beigewohnt. Was er sagen will, ist, daß man die Tüchtigkeit durch die Übung lernt, durch Nachahmen der Eltern und Vorfahren, genau wie die guten Sitten, die man die Kinder »lehrt«. Ein verständlicher Irrtum von

sagen wir es im Vorbeigehen, ruiniert schon die Prätention des Sophisten, die Tüchtigkeit zu lehren.

22 Anytos, ein reicher Bürger Athens, eine ansehnliche und »angesehene« Persönlichkeit, repräsentiert den sozialen Konformismus in seinem ganzen Schrecken; Menon repräsentiert den »freien« Intellektuellen; Sokrates glaubt, daß sie im Grunde völlig übereinstimmen.

Seiten des Anytos: für ihn sind Tüchtigkeit und Überlieferung, feste Gewohnheiten, ein und dasselbe. Die Kritik des gesellschaftlichen Konformismus ist für ihn ein Verbrechen: und Sokrates ist nicht besser als ein Sophist.[23]

Die Erörterung geht mit Menon weiter. Wenn die Tüchtigkeit nicht lehrbar ist, so ist sie keine Wissenschaft. Dem stimmt Menon gern zu. Übrigens ist er schon lange dieser Meinung, ebenso wie sein Lehrer Gorgias, der stets die unter seinen Kollegen verspottete, die versprachen, die Tüchtigkeit zu lehren. »Die einzige Sache, nach der man streben soll, ist es, Redner auszubilden.« Die Tüchtigkeit ist auch nicht ein Geschenk der Natur wie die Schönheit oder die Stärke. Menon stimmt gleichfalls zu. Was ist sie dann? noch immer weiß man nichts von ihr. Sokrates bemerkt indessen, daß man vielleicht noch nicht alle Möglichkeiten ausgeschöpft habe, die Tüchtigkeit zu definieren. Und vor allem könnte man annehmen, daß sie »richtige Vorstellung« (**orthē doxa**) sei, das heißt etwas wie ein Glauben oder eine blinde, aber richtige Überzeugung.

In der Tat ist für die Praxis, für das Handeln die wahre Vorstellung ein Äquivalent des Wissens. Das Einzige, worin sie sich davon unterscheidet, ist ihre Unbeständigkeit, solange sie nicht »durch eine Begründung befestigt« ist, was sie richtig in Wissenschaft verwandeln würde. Aber, noch einmal, für die Praxis reicht die »wahre Vorstellung« – sofern man sie besitzt – aus. So kann man zugeben, daß die Staatsmänner, weil sie die richtige Vorstellung besaßen, einerseits das Gemeinwesen erfolgreich verwalten konnten, aber andererseits, gerade weil sie nur die richtige Vorstellung und nicht die Wissenschaft besaßen, waren sie unfähig, ihre Tüchtigkeit auf ihre Nachfolger

23 Anytos hat nicht gänzlich Unrecht. Im Grunde, vom Gesichtspunkt des Konformismus und der abergläubischen Tradition aus, ist die sokratische Kritik noch destruktiver als die des Sophisten. Die Philosophie ist gefährlich.

zu übertragen. In der Tat, »hinsichtlich der Wissenschaft unterscheiden sie sich in nichts von den Orakelsprechern und Wahrsagern, denn auch diese sagen oft die Wahrheit, ohne etwas von den Dingen zu wissen, die sie sagen.« »Deshalb kommt zu denen, die sie besitzen, die Tüchtigkeit durch göttliche Schickung, ohne Wirkung der Vernunft, und es wird immer so sein, zumindest bis sich nicht zufällig ein Staatsmann findet, der sie auf andere überträgt.« Und der wäre unter den übrigen »wie ein wirklicher Mensch unter den Schatten«.

»So scheint uns«, schließt Sokrates, »die Tüchtigkeit bei denen, da sie sich zeigt, die Folge einer göttlichen Schickung zu sein. Ist es wirklich so? Mit Sicherheit werden wir es erst wissen, wenn wir, ehe wir untersuchen, wie die Tüchtigkeit zum Menschen kommt, uns an die Untersuchung machen, was die Tüchtigkeit an sich sei.«

Aber es ist spät geworden, Sokrates hat anderswo zu tun. Deshalb verläßt er seine Gesprächspartner und bittet Menon, seinen Gastgeber Anytos zu besänftigen.

Der Dialog endet offensichtlich mit einem Mißerfolg. Und sogar mit einem doppelten Mißerfolg. Wir wissen nicht besser als zu Beginn, was die Tüchtigkeit ist, und auch nicht, ob man sie lehren kann. Sokrates hat den Menon nur »gelähmt«, indem er ihm seine Unwissenheit zeigte, und den Anytos wütend gemacht.

Ohne Zweifel. Aber bei wem liegt der Fehler? Wir, *die dem Dialog beigewohnt haben*, wir zögern nicht anzuerkennen, daß der Mißerfolg nicht die Schuld des Sokrates, sondern einzig des Menon ist. Seinetwegen wurde die Diskussion begonnen und ohne Rücksicht auf den gesunden Menschenverstand geführt, indem man sich an das Problem machte, ob die Tüchtigkeit gelehrt werden könne, bevor man weiß, was sie an sich ist; und es ist wiederum Menon, der nichts begriffen hat von der Lektion, die Sokrates ihm gegeben hatte – die Episode mit dem Sklavenjungen –, und der die Untersuchung des Hauptproblems verweigert und das Gespräch auf den falschen Weg geleitet hat.

Menon hat die Lektion des Sokrates nicht begriffen ... das ist zu wenig: die Lektionen des Sokrates, hätten wir sagen müssen. Denn es ist nicht eine, Sokrates gibt ihm mehrere; und diese Lektionen nützen ihm nichts. Im Grunde erstaunt uns das kaum. Denn wir, die sie verstanden haben, wir haben auch den Grund seines Unverständnisses verstanden.

Zunächst einmal kann Menon nicht denken. Er weiß nicht, was eine Definition ist, auch nicht, was ein Zirkelschluß ist; und Sokrates mag es ihm noch so gut erklären, er ist unfähig es zu lernen.

Deshalb bemerkt er nicht, daß Sokrates sich über ihn (aber nicht über uns) lustig macht, wenn er die Tüchtigkeit mit einer »wahren Vorstellung« vergleicht: wie könnte man denn in der Tat wissen, daß eine Vorstellung »wahr« ist, das heißt der Wahrheit angemessen, ohne die Wahrheit, das heißt die Wissenschaft zu besitzen? Wir verstehen das, aber nicht Menon. »Das ist sehr interessant, was du da sagst, Sokrates«, ist alles, was er zu antworten weiß. Menon versteht nichts: nicht einmal die grausame Ironie des Vergleichs der athenischen Staatsmänner mit den »Wahrsagern« und der Behauptung, die Tüchtigkeit erhielten sie durch »göttliche Schickung«; und wenn Sokrates diesen falschen Staatsmännern das Bild des wahren Staatsmanns entgegensetzt, dessen, der *die Wissenschaft besitzt*;[24] so antwortet der, »das ist sehr schön gesagt, Sokrates.«

Menon kann nicht denken: weil er es auch nicht gelernt hat. Denn Denken, das heißt richtig denken, fehlerfrei Schlüsse ziehen, übereinstimmend mit der Wahrheit, genau das macht die Wissenschaft aus; und die lernt man und lehrt man (und wir,

24 Es ist der Staatsmann, der Philosophen-König der *Politeia* und des *Politikos*.

die wir durch Platons harte Schule gegangen sind,[25] wissen es besser als andere); aber Menon, der Freund und Schüler des Gorgias, hat das nicht getan. Was er gelernt hat, ist nicht die fehlerlose Schlußfolgerung, sondern die Überredung. Er ist kein Philosoph, er ist nur ein Rhetor. Die Wahrheit beschäftigt ihn wenig. Nicht sie sucht er, sondern den Erfolg.

Menon kann nicht denken: eben weil ihn die Wahrheit wenig beschäftigt. Denn denken, die Wahrheit suchen, in seiner Seele die »Erinnerung« des vergessenen Wissens zu erwecken suchen, ist eine schwierige Sache; es ist eine ernsthafte Angelegenheit, die eine Anstrengung erfordert. Und deshalb setzt das Denken Liebe voraus, eine Leidenschaft für die Wahrheit. Deshalb gehen die intellektuelle und die moralische Erziehung notwendig miteinander.

Denken ist eine ernsthafte Angelegenheit. Nun ist Menon nichts weniger als ernsthaft. Die Frage, die er Sokrates stellt: kann man die Tüchtigkeit lehren? – der Einwand, den er ihm macht: – wie sucht man das, was man nicht weiß? – das sind, wir wissen es wohl, damals Modefragen, und im Munde Menons sind es rhetorische Fragen. Menon stellt sie nicht, um eine Antwort zu erhalten, sondern um nach Laune diskutieren zu können. Deshalb ist er peinlich überrascht, sich durch die Fragen des Sokrates plötzlich »erstarrt« und »gelähmt« zu sehen. Erstarrt und gelähmt und nicht etwa, vom Irrtum befreit, »ermutigt« und zur Suche nach dem Wahren »gedrängt«. Die harte und schwierige dialektische Jagd nach dem Wesen der Tüchtigkeit ist ihm zuwider. Deswegen versteht er die Lektion nicht, die in der Befragung des Sklavenjungen enthalten ist. Deshalb und aus einem anderen, sehr viel tieferen Grunde, der die

25 Die Methode der platonischen Dialektik ist genau die der Wissenschaft: das Problem; die Formulierung der Hypothese; die Erörterung seiner Implikationen und Konsequenzen; die Gegenüberstellung mit einem unbestreitbaren Faktum.

schließliche Erklärung seines Mißerfolgs enthält: das Wesen der Tüchtigkeit interessiert ihn überhaupt nicht.

Menon und die Tüchtigkeit: diese Beziehung allein ist schon komisch. In der Tat kennt ihn jeder, unseren Menon, Freund und Schüler der Sophisten, bei Gelegenheit selbst ein Sophist, Spekulant, Abenteurer und auch Soldat, wenn es sein muß, dabei ein liebenswürdiger und gebildeter guter Kerl; und jeder weiß, daß das Problem der Tüchtigkeit ihn völlig kalt läßt. Was er sucht, ist etwas anderes; es sind »die guten Dinge« des Lebens: Erfolg, Reichtum, Macht...

Oder, wenn man so will, was Menon Tüchtigkeit nennt und ein tüchtiges Leben, ein Leben, das lebenswert ist, so ist es genau dasselbe, was das gemeine Volk – und was Anytos – mit diesem Namen benennen: der Besitz nämlich aller dieser »guten Dinge«; auch »Tüchtigkeit lehren« bedeutet für ihn, eine Technik zu lehren, die uns an das ersehnte Ziel bringt.

Wie könnte er die Lektion des Sokrates begreifen? Ihre Gedanken bewegen sich auf verschiedenen Ebenen.

Diese Lektion ist jedoch ziemlich klar. Deshalb haben wir sie auch gut verstanden. In der Tat, wenn Sokrates den Sklaven des Menon die Geometrie »lehren« konnte, so deshalb, weil es in der Seele des Sklaven Spuren, Reste, Keime geometrischen Wissens gab; diese Keime, diese *semina scientiarum* (Samen der Wissenschaften), die der Seele eingeboren sind, wie Descartes sie zweitausend Jahre später nennen wird, konnten die Fragen des Sokrates aufwecken, zum Keimen bringen und Frucht tragen lassen. Sie konnten es aber nur, weil der Sklavenjunge, von seinem Unwissen überzeugt, die notwendige Anstrengung machen wollte, um sich der »vergessenen« Wahrheiten »wiederzuerinnern«.

Ebenso, ganz genauso verhält es sich mit der Tüchtigkeit. Wenn Menon die Anstrengung des Denkens, die Sokrates ihm abverlangt, hätte aufbringen können oder wollen, so hätte er verstanden – wie wir es verstehen –, daß das Ideal des wahrhaften Staatsmanns, der fähig ist, seine Tüchtigkeit zu übermitteln und zu »lehren«, für Sokrates ein gültiges Ideal ist. Und folglich ist die Beweisführung, mit der uns Sokrates darlegt, daß die Tüchtigkeit keine Wissenschaft ist – denn sie läßt sich nicht lehren –, nicht buchstäblich zu verstehen. Man lehrt sie nicht, aber man *kann* sie lehren. Wie man später sagen wird: *de non esse ad non posse non valet consequentia* (Vom Nicht-Sein darf man nicht auf das Nicht-Können schließen). Und ist denn übrigens wahr, daß es keine Lehrer der Tüchtigkeit gibt und daß sie nicht gelehrt wird? Was macht denn Sokrates? Ist es nicht klar, daß sein ganzes Handeln – bis hin zu und einschließlich der Diskussion mit Menon und Anytos – nichts anderes ist als ein Lehren der Tüchtigkeit, oder, wenn man das vorzieht, der Weisheit, die nichts anderes ist als die Wissenschaft vom Guten?

Menon hat die Lektion nicht verstanden? Weil es in seiner Seele keine Spuren der Idee des Guten – mehr – gibt. Deshalb ist für uns die – nicht formulierte – Schlußfolgerung des Dialogs, die Antwort auf die von Menon gestellte Frage, völlig klar: ja, die Tüchtigkeit wird gelehrt, weil sie Wissenschaft ist.[26] Aber Menon läßt sie sich nicht lehren.

26 Weil die Tüchtigkeit *Wissenschaft* ist, kann sie nur so unterrichtet werden, wie man die Wissenschaften unterrichtet, das heißt durch eine Anstrengung des Entdeckens auf Seiten des Schülers und nicht durch eine vom Lehrer auferlegte Dressur. Von innen und nicht von außen.

Protagoras

Es sind dieselben Fragen – was ist die Tüchtigkeit? und kann man sie lehren? – die das Hauptthema des *Protagoras* bilden, einem der schönsten und zweifellos amüsantesten von Platons Dialogen.[27] Aber die Situation, auf die wir stoßen, ist nicht genau die gleiche wie im *Menon*.[28] Denn während Menon im Grunde keine Lehre besitzt und in der Diskussion nur Fragen stellt, hat Protagoras eine, und die ist völlig ernst zu nehmen. Deshalb ist die Diskussion viel mehr entwickelt und vor allem viel ausführlicher als im *Menon*: die Argumente, die in diesem nur skizziert oder sogar nur einfach angegeben sind, werden in jenem lang und breit entwickelt. Darüber hinaus sieht Sokrates sich genötigt, der sehr geschlossenen und in sich zusammenhängenden Lehre des großen Sophisten seine eigene entgegenzusetzen. Und mithin, sie darzulegen. Dennoch endet der Dialog mit einem Schluß, den Sokrates selbst als außerordentlich paradox und enttäuschend einschätzt: in der Tat, »Sokrates, der leugnete, daß die Tüchtigkeit gelehrt werden könne, behauptet, daß sie Wissenschaft ist, daß Gerechtigkeit, Besonnenheit, Tapferkeit, alles Wissenschaft ist: was das sicherste Mittel ist zu zeigen, daß man die Tüchtigkeit lehren kann; während Protago-

27 Der *Protagoras* ist ebenso amüsant wie eine Komödie des Aristophanes.

28 Wir werden den *Protagoras* ebensowenig wie den *Menon* oder den *Theaitetos* darstellen. Deshalb übergehen wir die äußerst komische Szene der »Vorstellung« der Sophisten im Hause des reichen Snob Kallias, die Reden des Hippias und des Prodikos und selbst die des Sokrates: der Leser sei an Platons Text verwiesen.

ras, der zunächst als Tatsache behauptet hatte, daß man sie lehren könne, jetzt in ihr alles andere als eine Wissenschaft sieht, was ihr jede Möglichkeit nehme, gelehrt zu werden.«

Aber nehmen wir nichts vorweg. Werfen wir einen Blick auf den Dialog. Literarisch ist er ein reines Meisterwerk. Die Personen des Dramas oder, genauer, der Komödie, sind sehr verschieden und spielen jede ihre eigene Rolle; jede lebt ihr eigenes Leben und jede spricht ihre eigene Sprache (Platon ist ein Meister des Pasticcio, der Parodie »nach Art von«). Die von Platon verwendete Form, die des von Sokrates erzählten Dialogs, erlaubt diesem, seinen ganzen Schwung auf Kosten seiner Gegner zu entfalten; es ist ein guter Kampf: die Ironie, der Scherz ist eine der mächtigsten Waffen des Polemikers. Sie ruiniert das Ansehen dessen, den er angreift.

Der Dialog beginnt mit einer äußerst komischen Einleitung: Sokrates erzählt, wie er schon vor dem Morgengrauen von seinem jungen Freund Hippokrates geweckt wurde, der am Vorabend vom Eintreffen der Sophisten in Athen gehört hatte und, ohne eine Minute zu verlieren, zu Sokrates eilt, um ihn zu bitten, ihn bei Protagoras einzuführen: »Wir wollen ihn besuchen, sagt er, bevor er ausgegangen ist. Er wohnt bei Kallias, dem Sohn des Hipponikos. Machen wir uns auf den Weg.«

Hippokrates ist bezaubernd in seinem jugendlichen Feuer, seinem Verlangen zu lernen, seiner Begeisterung für die neue, von den Sophisten gerühmte Weisheit. Hippokrates – wie schade, daß wir fast nichts von ihm wissen: seinetwegen und für die jungen Leute wie ihn wurde der *Protagoras* vor allem geschrieben – repräsentiert die athenische Jugend, die mit den überlieferten Disziplinen nicht mehr zufrieden ist und die Neues sucht, neue Werte, eine neue Bildung und Kultur.

Hippokrates sucht Neues, ohne so recht zu wissen, was er eigentlich will. Und deshalb darf man sich nicht zu sehr wundern, daß er Sokrates bittet, ihn bei den Sophisten einzuführen (Platons Leser-Hörer haben ohne jeden Zweifel die Ironie der

Situation genossen); es ist klar, daß Hippokrates wie der durchschnittliche Athener weit davon entfernt ist, Sokrates von den Sophisten unterscheiden zu können. Der eine wie die anderen erscheinen ihm sehr nahe beieinander; setzen sich nicht beide der überlieferten Moral entgegen? Kritisieren nicht der eine wie die anderen den gesunden Menschenverstand? Und berufen sich nicht beide auf das Neue? Das ist auch der Grund, warum Sokrates einverstanden ist, ihn bei Protagoras einzuführen; gerade um ihm die Konfrontation der beiden Lehren zu bieten und um ihm die Wahl zwischen beiden zu ermöglichen. Der Dialog hätte heißen können – oder sollen: Hippokrates am Scheideweg.

Deshalb ist die Unterhaltung zu Beginn zwischen Hippokrates und Sokrates von höchstem Interesse. Kurz und gut, was willst du? fragt Sokrates seinen jungen Freund. Was soll dich Protagoras lehren? – Wir hören, daß Hippokrates keinen Beruf erlernen will; er will nicht selbst Sophist werden; er möchte den Unterricht des Protagoras »für seine Bildung«, »wie es einem freien Mann ansteht«, so wie er den Unterricht des Grammatiklehrers, des Lehrers in Musik und in Gymnastik empfangen hat. Sehr schön, aber worin besteht dieser Unterricht? Welche Kunst wird Protagoras ihn lehren? – Die Kunst gut zu reden, sagt Hippokrates. Gut von was zu reden? fragt Sokrates; man redet gut von dem, was man versteht.[29] Was ist also diese Sache, die der Sophist selbst versteht und die er seinen Schüler verstehen lassen will?

Hippokrates ist verwirrt. Er weiß nicht, was diese besondere Sache ist, deren Kenntnis der Sophist besitzt. Der moderne Leser ist ebenfalls verwirrt. Allerdings aus einem ganz verschiedenen Grund. Er kann nicht zugeben, daß Sokrates nichts von der Existenz der Rhetorik weiß, »der Redekunst«,

29 Sokrates' Begriff der Beredsamkeit ist der von Descartes und von Boileau.

daß er nicht weiß, daß man die Rede lernt wie man den Wettlauf, den Ringkampf oder die Gymnastik lernt. Deshalb erscheint ihm die Frage des Sokrates einigermaßen sophistisch. – Allerdings zu Unrecht. Denn Sokrates verkennt nicht die Existenz der Rhetorik, er leugnet ihren Wert. Die Rhetorik ist für ihn keine Kunst.

Oder zumindest ist es eine niedrige Kunst, nicht mit dem Fechten oder der Gymnastik zu vergleichen, sondern höchstens mit der Kochkunst. In der Tat weiß der Gymnastiklehrer, der den Körper ausbildet und übt, was für den Körper gut und was nicht gut ist. Der Rhetor – der behauptet, die Seele seiner Schüler ausbilden zu können – weiß nicht, was für sie gut ist: wenn er es wüßte, wäre er kein Rhetor, sondern Philosoph. Und er sage uns nicht, daß die Rhetorik eine rein formale Kunst sei; eine rein formale Kunst der Rede führte zu einer Rede ohne Gedanken, da es ja – wie es uns der *Charmides* erklärt hat – kein rein formales Denken gibt,[30] und sie würde die Seele, die das Unglück hätte, sich ihr auszuliefern, nicht formen, sondern im Gegenteil *deformieren.*

Und Sokrates erklärt seinem jungen Freund, in welchem Maß es unklug ist, derart seine Seele, das heißt das Kostbarste, jemandem anvertrauen zu wollen, den man nicht kennt und den man »Sophist« nennt, ohne auch nur zu wissen, was ein Sophist ist; ihm seine Seele anzuvertrauen, damit er sie pflegt, formt und nährt – denn was ist die Wissenschaft, wenn nicht eine Nahrung der Seele? – ohne zu wissen, ob er sie gut oder schlecht nähren wird, sogar ohne zu wissen, ob er weiß – wie für den Körper der Arzt und der Gymnastiker es wissen – welches die gute Nahrung für die Seele ist und welches die schlechte? Ist es nicht klug, zuerst Erkundigungen einzuziehen? Die Wissenschaft, Nahrung der Seele: das Bild ist erhellend

30 Die *philosophische* Bedeutung des *Charmides* wurde leider fast stets von der Kritik verkannt.

und läßt uns gut den radikalen Gegensatz des Sokrates zur Sophistik begreifen. Diese läßt in der Tat stark erscheinen, was schwach ist;[31] sie ist also die Kunst, Täuschung hervorzubringen. Nun ist es aber nicht die Täuschung, sondern die Wahrheit, mit der man die Seele nähren muß,[32] wenn man ihr Kraft und Gesundheit bewahren oder geben will.[33]

Aber gehen wir weiter. Wir werden also Protagoras selbst fragen, was er unterrichtet, und welchen Nutzen uns sein Unterricht bringen kann. – Darauf antwortet Protagoras, indem er sich zu Hippokrates wendet: »Junger Mann, wenn du mich aufsuchst, wirst du das erhalten: nach einem Tag bei mir wirst du als ein Besserer nach Hause gehen, und ebenso am nächsten Tag; und so wird jeder deiner Tage durch einen Fortschritt zum Besseren bezeichnet sein.« – Das ist zu unbestimmt, meint Sokrates; zweifellos wird Hippokrates sich täglich vervollkommnen; aber worin? – Und Protagoras: »Der Gegenstand meines Unterrichts ist die Klugheit für jeden in der Verwaltung seines Hauses und, was die Angelegenheiten des Gemeinwesens betrifft, die Fähigkeit, sie in Taten und Worten vollkommen zu leiten.« – Also behauptet der Sophist, gute Bürger und gute Staatsmänner zu bilden.

Bemerken wir, daß es genau das ist, was er sucht, der »Hippokrates, Sohn des Apollodoros, aus berühmtem und wohlhabendem Haus ..., der sich einen Namen im Staate zu machen wünscht«. Es ist auch das, was Menon suchte; es ist das, was die Griechen politische Tüchtigkeit oder sogar nur »Tüchtigkeit« nennen. So bietet Protagoras das an, was man von ihm ver-

31 Eine schwache Sache oder ein schwaches Argument stark erscheinen zu lassen, dessen rühmt sich der Rhetor.

32 Die Wahrheit als Nahrung der Seele ... Noch für Descartes ist es das Ziel der Mathematik, »die Seele mit Wahrheit zu speisen«.

33 Die Kraft, die Energie und die Gesundheit der Seele, genau das ist die Tüchtigkeit.

langt. Sein Ideal ist das des gemeinen Volkes, über das er nicht hinausragt und dem er sich in keiner Weise entgegenstellt.

Aber fahren wir fort: Protagoras behauptet, die »politische« Tüchtigkeit zu lehren. Wenn das wahr wäre, dann machte es ihn, sagen wir das im Vorübergehen, den großen Männern der Vergangenheit überlegen, die ihre Wissenschaft oder Kunst nie auf ihre Nachfolger übermitteln konnten. Wenn das wahr wäre, so wäre Protagoras der wahrhafte Staatsmann, dessen Bild uns der *Menon* ahnen ließ.

Aber kann man die Tüchtigkeit (die politische Tüchtigkeit oder die Tüchtigkeit im allgemeinen) lehren? Sokrates bezweifelt es und setzt ein Argument dagegen, das wir schon aus dem *Menon* kennen: daß die Athener als kluges Volk es nicht zugeben und nicht glauben, daß es Experten in diesem Fache gebe. Deshalb ziehen sie da, wo es sich um technische Probleme handelt wie die Konstruktion von Gebäuden oder von Schiffen – die Meinung von Spezialisten heran, aber bei Angelegenheiten des Staats hören sie auf den ersten Besten. Außerdem teilen die weisesten und erfahrensten Athener offensichtlich diese Auffassung der Masse, denn ihren Kindern geben sie keine Lehrer in Tüchtigkeit und lehren sie sie auch selbst nicht (das ist zum Beispiel der Fall des Perikles): also halten sie die Sache für unmöglich.

Das Argument des Sokrates ist mit aller Evidenz (für uns, die wir Sokrates' Überzeugungen kennen und wissen, daß er keinerlei Achtung für die athenischen Staatsmänner hat) rein ironisch. Aber es gilt gegen Protagoras, da dieser in seinem Begriff der »Tüchtigkeit« gar nicht über das Niveau der Masse hinausgeht, über das des »Durchschnittsmenschen« und des Anytos. Überdies deutet die Antwort des Protagoras – ohne daß er sie entwickeln könnte – darauf hin.

Die Tüchtigkeit, meint Protagoras, wird nicht nur gelehrt, sie wird nur zu sehr gelehrt. Wir lernen sie unser ganzes Leben lang, und jedermann lehrt sie: unsere Eltern, unsere Lehrer und unsere Mitbürger. Denn alle Mitglieder der Gemeinschaft besitzen die Tüchtigkeit, die Gerechtigkeit und die Besonnenheit, die notwendigen Daseinsbedingungen der Gemeinschaft; daher lehren alle sie gegenseitig. Und gerade deshalb glaubt man gewöhnlich, daß besondere Lehrer für die Tüchtigkeit nicht notwendig sind. Deshalb glauben wir, alle im Gegensatz zu dem, was Sokrates vorgibt, daß die Tüchtigkeit gelehrt werde: das folgt aus der Tatsache, daß wir diejenigen tadeln und bestrafen, die es daran fehlen lassen; in der Tat, ist denn Tadeln und Bestrafen etwas anderes als eine Lektion zu geben.

Wenn die Tüchtigkeit das Erbteil aller Mitglieder der Gemeinschaft ist, dann versteht man, warum die Kinder der großen Staatsmänner sich nicht privilegiert finden im Vergleich mit denen der übrigen Bürger: Die Tüchtigkeit lehrt jeder jeden, der Unterricht ist für alle derselbe. Folglich machen sich die Begabungen geltend – obwohl die Tüchtigkeit nicht schlicht und einfach eine Begabung ist. Wenn jedermann die Musik lernen und lehren würde, wären folglich die Kinder großer Musiker nicht notwendig selbst sehr gute Musiker.

Die Tüchtigkeit lernt man also wie die Muttersprache, die niemand die Kinder lehrt, weil alle sich darum kümmern. Einige sind darum trotzdem besonders geeignet, diesen Unterricht zu erteilen, und das ist der Anspruch, den Protagoras für sich selbst erhebt.[34]

Die These des Protagoras – eine, wie wir sagten, sehr starke These – ist die eines konsequenten und bewußten Soziologismus.[35] Er behauptet nicht, die Gesellschaft oder ihren Begriff

34 Hätte er ein wenig später gelebt, so hätte Protagoras sagen können: jeder lehrt die Kinder ihre Muttersprache, aber ich bin Grammatiker.

35 Der moderne Leser hat zweifellos oft die Tendenz, mit Protagoras einverstanden zu sein. Das kommt daher, daß der moderne Leser meistens ebenso vom soziologischen Relativismus angesteckt ist wie Protagoras selbst, und daß er auch nicht mehr als dieser die Sitten von der

der »Tüchtigkeit« zu erneuern oder zu reformieren. Was er verspricht – und sein Erfolg beweist, daß er sein Versprechen hält –, ist, daß er den *Nomos* einer gegebenen Gesellschaft in seiner Struktur analysiert und uns lehrt, wie man sich dem anpaßt, wie man die Zustimmung der Mitglieder der betreffenden Gemeinschaft erwirbt und wie man Reichtum, Einfluß und Macht gewinnt.[36] Aber er kann uns nicht das Ziel lehren, das wir verfolgen sollen, außer uns auch da zu sagen, daß wir uns den Wünschen der Gemeinschaft anpassen sollen und damit in der Tat jeden Anspruch auf ein höheres Wissen aufgeben, das – für Sokrates und sogar für Protagoras – den Staatsmann auszeichnet.

Aber es gibt da noch etwas: der Soziologismus des Protagoras nötigt ihn, die volkstümlichen Begriffe von der Tüchtigkeit unverändert zu übernehmen. Nun sind diese Begriffe, wie alle Begriffe des gesunden Menschenverstands inkohärent, wirr und sogar widersprüchlich, wie Sokrates uns zeigen wird. Tatsächlich spricht sowohl das gemeine Volk als auch Protagoras von den »Tugenden«: Weisheit, Tapferkeit und ähnliche. Aber was sind sie? Weder Protagoras noch das gemeine Volk wissen es,[37]

Moral unterscheidet. Es besteht kein Zweifel, daß der soziologische Relativismus des Protagoras ebenso wie der der »Philosophie der Aufklärung«, mit der man gelegentlich die Sophistik verglichen hat, eine äußerst wichtige Rolle bei der Zerstörung der »Vorurteile«, »Voreingenommenheiten« und der »Eidola« (Scheinbilder) des griechischen (und des modernen) Denkens gespielt hat. Der soziologische Relativismus ist außerordentlich vernünftig und wird zu einem Irrtum nur dann, wenn er sich als absolut proklamiert.

36 Die Pädagogik des Protagoras ist die der Anpassung – »adjustment«.

37 Protagoras weiß zweifellos, daß die vulgären Begriffe inkohärent und wertlos sind; und sein Relativismus, der die Sitten, die Gebräuche, die **Nomoi** (Gesetze) verschiedener Gesellschaften auf eine Vergleichsebene setzt, spielt ihnen gegenüber eine destruktive und kritische Rolle, genau wie der Skeptizismus Montaignes und der Soziologismus

und zwar deshalb, weil beide *nicht denken*. Eingeschlossen in die Ebene der Sprache, können sie diese nicht verlassen, um die Sachen selbst oder besser, das Wesen, das die Wörter – vage und unvollkommen – bezeichnen, zu erfassen; deshalb begreifen sie nicht, daß die verschiedenen Fähigkeiten, »Tugenden«, ein und dasselbe Wesen haben – darum sind sie alle ineinander enthalten – nämlich das Wissen; alle, sogar die Tapferkeit, die das Wissen vom »wahrhaft Schrecklichen« ist, von dem, was zu fürchten und nicht zu fürchten ist. In modernen Begriffen gesprochen: die Tüchtigkeit enthält eine Skala von Werten und ist nichts anderes als die Erkenntnis dieser Skala; das tüchtige Verhalten folgt notwendig aus der Erkenntnis des Guten, denn für Sokrates wie für Spinoza ist Wissen, Urteilen und Handeln ein und dasselbe.

Aber kommen wir auf den Dialog zurück. Protagoras meint, wie wir gesehen haben, daß die Tüchtigkeit gelehrt werden könne. Wie sollte er das übrigens auch in Zweifel ziehen, er, der das zu seinem Beruf gemacht hat? Nun hat er sich, ganz wie Menon, auf die Erörterung des Problems eingelassen: kann die Tüchtigkeit gelehrt werden oder kann sie es nicht, ohne zuvor definiert zu haben, was er unter diesem Begriff versteht. Deshalb ist er unfähig, auf die Frage des Sokrates eine Antwort zu geben: was ist die Tüchtigkeit? Oder, mit anderen Worten: »Ist die Tüchtigkeit ein einheitliches Ganzes, wovon die Gerechtigkeit, die Weisheit und die Heiligkeit (**dikaiosynē kai sōphrosynē kai hosiotēs**) die Teile wären, oder wären die soeben aufgezählten Tugenden nur die verschiedenen Namen eines und desselben Ganzen?«

Damit wir uns richtig verstehen: auf die Frage des Sokrates,

unserer Tage. Ebenso wie diese letzteren ist er »progressiv«, »liberal« und führt am Ende, wie Platon deutlich sieht, ins Leere der Selbstzerstörung und des Nihilismus.

die das Problem der Einheit des Mannigfaltigen oder, genauer, das der Einheit der Arten einer Gattung oder das der Einheit der Verwirklichungen eines Wesens (**eidos**) impliziert, kann Protagoras aus dem bestimmten Grund nicht antworten, daß er die Frage nicht versteht. Aber andererseits, gerade weil er sie nicht versteht, glaubt er sich imstande, sie zu beantworten: »Nichts ist einfacher ... die Tüchtigkeit ist eine und ... die Tugenden ... sind ihre Teile.« – Nun ist die Beziehung zwischen den Teilen und dem Ganzen eine Beziehung, die nicht einfach ist; die sogar sehr schwer mit Genauigkeit zu bestimmen ist. Deshalb will Sokrates den Gedanken des Protagoras präzisieren, indem er ihm die Wahl zwischen zwei Fällen läßt, worin sich uns die Beziehung in materiellen Dingen darzubieten scheint: »Ist es in der Art, wie die Teile des Gesichts, der Mund, die Nase, die Augen und die Ohren Teile dieses Gesichts sind, oder nach der Art der Teile einer Goldmenge, die untereinander und mit dem Ganzen sich nur durch ihre Ausdehnung unterscheiden?« – Obwohl Protagoras behauptet hat, die Tüchtigkeit sei *eine*, kann er sich doch nicht für die zweite Alternative entscheiden. Mit dem gemeinen Volk gesteht er zu, daß die Tugenden etwas miteinander gemeinsam haben, daß sie aber nichtsdestoweniger untereinander verschieden sind: bekanntlich werden die Tugenden nicht alle einem einzigen Menschen zuteil, »denn viele sind gerecht, ohne weise zu sein, oder tapfer, ohne gerecht zu sein«. Deshalb entscheidet er sich für die erste Alternative: die Tugenden sind im Verhältnis zueinander (und zum Ganzen) in derselben Beziehung wie die Teile des Gesichts.

Wenn es so wäre, wenn die Tugenden je eine getrennte und bestimmte Wesenheit in sich selbst bildeten, »jede mit einer besonderen Eigenschaft«, wenn sie verschieden voneinander wären, wie die Augen sich von den Ohren unterscheiden, wenn, mit anderen Begriffen (Begriffe, die zweifellos nicht platonisch sind, aber die uns erlauben, das Problem besser zu erfassen), die Tugenden nur ein mechanisches Ganzes bildeten, so folgte unmittelbar daraus, daß sie keinerlei innere Verbindung hätten, keinerlei Identität von Natur aus, und daß, im Gegensatz zu Protagoras' erster Behauptung, die Tüchtigkeit nicht *eines* wäre, sondern aus *mehreren* bestände. Man müßte dann sagen, daß kein »Teil« der Tüchtigkeit irgendeinem anderen gliche, und daß zwischen dem Wissen (**epistēmē**), der Gerechtigkeit, der Heiligkeit, der Besonnenheit (**sōphrosynē**) und der Tapferkeit (**andreia**) nichts gemeinsam wäre. Aber setzen wir die Analyse fort. »Suchen wir zusammen die eigentümliche Natur einer jeden von ihnen. Und zunächst, ist die Gerechtigkeit eine bestimmte Sache (**pragma**) oder ist sie ›keine Sache‹?« Denn, wenn sie »eine Sache« ist, das heißt eine Realität, wie Protagoras es zugesteht, und wenn es sich entsprechend verhält mit der Heiligkeit, der Besonnenheit, der Tapferkeit und so fort, anders gesagt, wenn die Wörter, mit denen wir die Tugenden bezeichnen, nicht fünf verschiedene Namen für ein und dieselbe Wesenheit sind, sondern wenn im Gegenteil jede von ihnen einer verschiedenen Realität entspricht, einem Gegenstand mit seinem eigenen Charakter so, daß man ihn nicht mit einem anderen identifizieren kann, dann kann man sich fragen, ob diese »Sache«, dieser »Gegenstand«, diese Realität, die wir »Gerechtigkeit« (oder Heiligkeit) nennen, selbst eine gerechte oder ungerechte (heilige oder unheilige) Sache ist. Wenn wir uns nun mit jedermann weigern zuzugestehen, daß die Gerechtigkeit keine gerechte Sache sein könnte und die Heiligkeit keine heilige – »welche Sache wäre es denn, wenn die Heiligkeit es nicht wäre?« –, so folgt notwendig daraus, »daß die Heiligkeit eine Sache ist, deren Natur es nicht ist, gerecht zu sein, und die Gerechtigkeit eine Sache, deren Natur es nicht ist, heilig zu sein, sondern nicht heilig, so wie die Heiligkeit nicht gerecht und mithin ohne Gerechtigkeit ist, während die Gerechtigkeit ohne Heiligkeit ist«. Eine Auffassung, die weder Sokrates, der im Gegenteil meint, daß die Heiligkeit gerecht ist, und die Gerechtigkeit heilig, noch selbst Protagoras akzeptieren könnten.

Wahrscheinlich wird der moderne Leser den Gedankengang des Sokrates ein wenig wortklauberisch und sogar ein bißchen sophistisch finden. Er wird zweifellos mit Protagoras der Meinung sein, daß Sokrates entschieden zu weit geht, daß man mit der Reduzierung der Beziehungen zwischen den Gegenständen auf ihre absolute Identität und Verschiedenheit alles beweisen kann, was man will;[38] und er wird Protagoras Recht geben bei dem Einwand, daß »diese Teile des Gesichts, deren Besonderheiten wir eben unterschieden und die wir unähnlich nannten, doch nicht ohne Ähnlichkeit untereinander und ohne Beziehung sind«, und daß uns folglich nichts daran hindert, zwischen den »Teilen« der Tüchtigkeit analoge Ähnlichkeiten und Beziehungen zuzugestehen.

Es ist dagegen wahrscheinlich, daß der Leser-Hörer Platons einer anderen Meinung war. Und sogar einer völlig entgegengesetzten Meinung. Daß er den Gedankengang des Sokrates für vollkommen richtig hielt und meinte, wenn man von den widersprüchlichen und unhaltbaren Prämissen ausgehe, die Protagoras zugestanden und anerkannt hatte, könnte man nicht zu anderen Folgerungen gelangen. Und daß Protagoras das selbst anerkannt hätte, wenn er die notwendige Anstrengung hätte aufbringen wollen und Ordnung in seine Gedanken bringen.

In der Tat hat Protagoras zugestanden, daß die Tugenden »Sachen« sind, *wirkliche* Gegenstände, und nicht *Namen*, die Begriffe, Vorstellungen und Konventionen der Gesellschaft verschleierten oder ausdrückten. Hatte er das zugestanden, so konnte er als Sensualist, der keine andere Realität als die durch die Sinne gegebene kennt, nicht umhin, materielle Gegenstände wie das Gold oder das Gesicht als Beispiele für die Struktur dieser »Realitäten« und der zwischen ihnen möglichen Beziehungen anzuerkennen. So hat er zum Beispiel zugestan-

38 Genau das ist der bevorzugte »Trick« der Sophisten.

den, daß diese Realitäten oder »Sachen« – die Gerechtigkeit, die Heiligkeit – einen eignen Charakter besitzen, eine Natur (**dynamis**), die sie so macht, wie sie sind, oder besser, sie zu dem macht, was sie sind. Wenn es nun wahr ist, daß das Gold oder jeder andere materielle Gegenstand eine solche »Natur« besitzt, ist es dann nicht klar – klar für uns zumindest, die dank Sokrates (oder Platon) wissen, daß diese »Naturen«, (**eidē** oder **ousiai**) keineswegs materielle Gegenstände oder auch nur mit ihnen vergleichbar sind –, daß diese »Naturen« selbst ihrerseits keine »Naturen« haben können, die sie zu dem machen, was sie sind? Und was ist daran erstaunlich, wenn Protagoras, indem er diesen groben Irrtum begeht und zugesteht, daß die Gerechtigkeit nicht Gerechtigkeit sei, sondern: *gerecht*, als ob sie ein Mensch oder eine Handlung wäre, dazu geführt wird, zwischen diesen »Naturen« dieselbe strikte Trennung setzen zu müssen, die zwischen den Gegenständen oder den materiellen Sachen besteht?

Wenn sich Protagoras nun in der Tat weigert, die doch unvermeidlichen Konsequenzen zuzugestehen, und sich auf den Standpunkt des gesunden Menschenverstandes zurückzieht, ist das nicht ein Hinweis darauf, daß es ihm mit der Diskussion nicht ernst ist, daß ihn die Natur der Tüchtigkeit kaum beschäftigt und daß das einzige, was ihn interessiert, das Zurschaustellen seiner Geschicklichkeit ist und seiner Fähigkeit, die »politische Tüchtigkeit« zu lehren, welches auch immer ihre Beziehungen zu den anderen Tugenden sein mögen? Geschieht es nicht deshalb, daß er jedesmal, wenn die Diskussion sich über die gewöhnlichen Vorstellungen erhebt, das Interesse verliert und es Sokrates überläßt, die Analyse weiterzutreiben, indem er sie mit höflichen und gelangweilten »wenn du willst« markiert und erst dann ein wirkliches Interesse zeigt, wenn er sich durch Sokrates' unerbittliche Fragen in die Enge getrieben sieht? Sein Prestige und sein Ruf beschäftigen ihn viel mehr als die Einheit oder Mannigfaltigkeit der Tüchtigkeit! So geschieht es auch sehr ungnädig und nur, damit er nicht seine Unterlegenheit in der Diskussion gibt, wenn er nach einem rhetorischen Turnier mit Sokrates in Form des Kommentierens einer Dichterstelle – was ihm die Gelegenheit gibt, eine schöne Rede zu halten, auf die Sokrates mit einer Gegenrede von vollendeter Ironie[39] und einem blendenden Schwung antwortet – sich dazu entschließt, die Diskussion an dem Punkt aufzunehmen, wo er sie gelassen hatte.

Der Versuch, die Beziehungen zwischen der Tüchtigkeit und den einzelnen Tugenden zu bestimmen, war gescheitert. Und wir wissen sehr wohl warum: weil wir versucht haben, diese Beziehungen zu bestimmen – wie wir es mit der Frage versucht hatten: läßt sich die Tüchtigkeit lehren oder nicht? – ohne zuvor, wie man es tun müßte, uns zu bemühen zu definieren, was die Tüchtigkeit ist. Wir haben das wohl verstanden. Protagoras hat leider die Lektion des Sokrates nicht begriffen. Deshalb beschränkt er sich darauf, seine Antwort so wenig wie möglich zu modifizieren. Er sagt nicht mehr, daß die Tugenden alle verschieden sind. Zumindest nicht absolut verschieden. Nein, es gibt zwischen ihnen, oder genauer, zwischen einigen von ihnen, wie der Besonnenheit, der Einsicht, der Heiligkeit und der Gerechtigkeit Ähnlichkeiten, Verwandtschaften und Affinitäten.

39 Die Gegenrede des Sokrates, worin er mit Hilfe der gewagtesten und unwahrscheinlichsten Deutungen in einem Gewaltakt versucht, das Zeugnis der Dichter zugunsten seiner moralischen These heranzuziehen: niemand tut das Schlechte absichtlich, dient ihm dazu, die Methode dialektischer Analyse, die sich im Dialog realisiert, der rhetorischen Methode des Protagoras gegenüberzustellen und uns außerdem den trügerischen Charakter des Appells an die Autorität der Dichter oder der Weisen deutlich zu machen, deren tote Texte der unterschiedlichsten Deutungen und Mißdeutungen fähig sind, Deutungen und Mißdeutungen, denen sie unterliegen, ohne uns antworten und Widerspruch einlegen zu können.

Aber die Tapferkeit ist doch etwas ganz anderes. Für die Tapferkeit erhält Protagoras seine These aufrecht, die These des gesunden Menschenverstands: die Tapferkeit hat nichts zu tun mit den anderen Gattungen der Tüchtigkeit.

Trotz der Miene der Überlegenheit, die Protagoras annimmt, indem er so tut, als verachte er den gesunden Menschenverstand und die Meinungen des gemeinen Volks – Sokrates verachtet sie nicht, sondern sucht sie zu vertiefen und dadurch aufzuklären –, bleibt er nicht nur hinsichtlich der Tapferkeit auf dem Niveau des gesunden Menschenverstands. Gesteht er nicht, wie das gemeine Volk, daß die Ungerechtigkeit »gut« sein kann für den, der sie begeht, das heißt vorteilhaft und einträglich? Glaubt er nicht, wie das gemeine Volk, daß das Gute wenig Anziehendes für die menschliche Natur habe, daß der Mensch ihm folglich nicht freiwillig nachstrebe; daß er deshalb, *obwohl er das Gute weiß,* selten dem Wege folge, den ihm sein Wissen zeigt, sondern sich abwende, »besiegt«, wie er sagt, von der Leidenschaft und vom Vergnügen.

Zweifellos will Protagoras nicht (wie das gemeine Volk) zugestehen, daß das Wissen »eine schwache Sache ohne Folgen« sei. Er ist, sagt er, mit Sokrates einig darin, daß das Wissen etwas Mächtiges ist, und daß Weisheit und Wissenschaft die größten menschlichen Gewalten sind. In der Tat versteht er die Rolle des Wissens in der Struktur unserer Motivationen und Handlungen nicht besser als das gemeine Volk. Vielleicht weil er nicht weiß, was es ist.

So sieht er nicht, daß der Mensch, immer und überall, sogar auf dem Niveau des sinnlichen Lebens, das Gute sucht; *sein* Gutes, das was für ihn gut, nützlich und angenehm ist; er flieht das Übel, mit anderen Worten, das was ihm schadet und was ihn leiden läßt. Er sieht nicht, daß niemand anders handelt und daß es vernünftig und gut ist, so zu handeln. Der Anziehungskraft des Vergnügens zu unterliegen, ist keineswegs ein Zeichen von Schwäche und kein Fehlverhalten, da es evident ist, daß das Vergnügen ein Gut und der Schmerz ein Übel ist.[40]

Aber gibt es nicht schlechte Vergnügen und gute Schmerzen, angenehme Dinge, die nicht gut sind, und unangenehme Dinge, die nicht schlecht sind? – wendet Protagoras ein und Sokrates entgegnet: keineswegs. Insofern sie angenehm sind, sind sie gut. Insofern sie unangenehm sind, schlecht. Ohne Zweifel bewirken sie als solche unangenehme Folgen – oder im Gegenteil angenehme – wie zum Beispiel die Vergnügen, die Krankheit oder Zerstörung nach sich ziehen, oder die Schmerzen, die uns die Ärzte auferlegen, um uns zu heilen – und können als »schlecht« oder »gut« betrachtet werden. Es kann sein, daß die Vergnügen zu viel kosten, aber das ist eine Sache der Rechnung (die ganze Diskussion bleibt auf der Ebene des Eudämonismus und überschreitet sie nicht, denn sonst hätte Protagoras ihr nicht folgen können), einer Rechnung, bei der man sich zweifellos täuschen kann, und das um so leichter, da man die Regeln nicht kennt, die rechte Weise, die verschiedenen Arten des Vergnügens und die verschiedenen Arten des Schmerzes zu messen und gegeneinander abzuwägen und die Wirkung der Zeitperspektive nicht in Rechnung stellt, die – ebenso wie die Raumperspektive uns entfernte Gegenstände kleiner erscheinen läßt und nähere größer – uns künftige Freuden und Schmerzen als geringer und schwächer erscheinen läßt als diejenigen, die wir gegenwärtig empfinden.

Und Sokrates skizziert die Idee, ganz nach Art Jeremy Benthams, einer Art mathematischer Axiologie, Kunst und Wissenschaft des Maßes der Befriedigungen oder der moralischen Werte. Es ist klar, daß diese Axiologie, die für den Sensualisten

40 Der Eudämonismus behauptet zu Recht, daß die Lust ein Gut, ein positiver Wert ist. Er hat Unrecht in dem Glauben, die Vergnügen (Lüste) seien die einzigen Werte oder Güter des Menschen, und in der Leugnung höherer Werte oder Güter.

Protagoras nur quantitativ sein könnte, für Sokrates eine Werteskala enthält. »Welche Wissenschaft und welche Kunst das ist, werden wir später sehen«, sagt er uns. Was wir sofort bemerken ist, daß uns keineswegs das Vergnügen oder sonst etwas der Art besiegt und über die Wissenschaft des Guten die Oberhand gewinnt, sondern daß das schlechte Verhalten, das heißt die schlechte Wahl zwischen Gutem und Üblem eine Wirkung des Unwissens ist, des *Mangels an Wissen*, anders gesagt, die Wirkung »erlogener und falscher Meinungen über Dinge von Wert«.[41] Mangel an *Wissen*. Wir verstehen wohl den Irrtum der gewöhnlichen Auffassung, dieser Meinung – die Protagoras teilt – nach der wir wohl »das Gute kennen und das Schlechte tun« können. Wir begreifen, daß diese Auffassung auf der Unkenntnis des wirklichen Wissens beruht. Wir verstehen auch, daß Protagoras, trotz seines Leugnens, das Wissen für eine schwache Sache hält, weil er nicht weiß, worin sich das Wissen (Einsicht und Besitz der Wahrheit) von der Meinung unterscheidet. Der Mensch, der etwas tut, von dem er »weiß«, daß es schlecht ist, besitzt nicht wirklich das *Wissen* des Schlechten. Er hat nur eine Meinung, die mehr oder weniger, und eher weniger als mehr, stark ist. Es ist möglich und sogar sehr wahrscheinlich, daß nicht jeder dieses »Wissen«, diese »Intuition« oder »Einsicht« besitzen kann. Jedenfalls ist klar, daß Protagoras sie nicht besitzt.

Wir können uns jetzt an das Problem der Tapferkeit und der Feigheit heranmachen. Und wir werden sehen, daß es sich auch da um Wissen, um Maß und um Bewertung handelt. Die gewöhnliche Auffassung, nach welcher der tapfere Mensch die Gefahr sucht und der feige Mensch sie flieht, ist falsch. Niemand sucht die Gefahr als solche, denn jeder fürchtet das Übel

41 Von diesen verlogenen und falschen Vorstellungen ist der Eudämonismus eine und der vulgäre Begriff vom höchsten Wert der »guten Dinge des Lebens« ist eine andere.

und sucht es zu vermeiden oder zumindest, wenn das nicht möglich ist, von zwei Übeln das geringere zu wählen. Der Unterschied zwischen dem Feigling und dem tapferen Menschen besteht deshalb darin, daß der erstere sich über die Natur des Übels täuscht, das er um jeden Preis vermeiden muß. Der Feige glaubt, daß sein Leben sein höchstes Gut sei. Er weiß nicht, daß es Übel gibt, die viel schlimmer sind als der Tod. Der tapfere Mensch weiß das. Deshalb rettet sich der erstere, während der zweite, durch das Wissen erleuchtet und gestärkt, sicher und freudig in den Kampf geht. Es ist klar, daß für Sokrates die Tapferkeit – im Gegensatz zu dem, was Protagoras denkt – die Tüchtigkeit schlechthin ist, denn sie umfaßt das Wissen von einem Gut, das höher ist als das Leben. Der Sensualist Protagoras hätte im Gegenteil den Feigen verteidigen müssen.

Protagoras gibt sich geschlagen. Sokrates ist siegreich aus dem Turnier hervorgegangen. Als guter Spieler bestreitet ihm Protagoras die Siegespalme nicht. Aber was haben wir am Ende erreicht? Nichts.

Denn wenn die Tüchtigkeit Wissen ist, so müßte sie sich lehren lassen, denn wir wissen es wohl, was Wissenschaft ist, läßt sich lehren, und was sich lehren läßt, ist Wissenschaft.[42] Nun ist es paradoxerweise Sokrates, wie wir gesehen haben, der behauptet, daß sie Wissenschaft sei, und der leugnet, daß man sie lehren könne; und es ist Protagoras – der sie zu lehren behauptet –, der nicht zugesteht, daß sie Wissenschaft sei.

Aber der Leser-Hörer sieht es wohl: der Widerspruch und das Paradox sind nur scheinbar: denn wenn die Tüchtigkeit das

42 Das ist Sokrates' These, für den »Wissenschaft« und »Erkenntnis« das Äquivalent von Einsicht sind und für den *Lernen* das *Verstehen* impliziert. In diesem Sinn »lernt« man keine Sprache oder kein Handwerk: man übt sich darin. Protagoras leugnet die Existenz der »Erkenntnis« und der »Einsicht«. Deshalb versteht er Sokrates' Position nicht und gerät in die Fallen, die ihm dieser legt. Die Position des Protagoras ist die unserer modernen Sensualisten.

wäre, was Protagoras und das gemeine Volk mit diesem Namen benennen, wenn sie das wäre, was Protagoras seine Schüler lehrt, so wäre sie gewiß keine Wissenschaft. Wenn sie im Gegenteil das ist, was Sokrates denkt, das heißt wenn sie die intuitive Wissenschaft der Werte und des Guten wäre, so ist es evident, daß sie nicht von Protagoras gelehrt werden könnte. Von wem dann? Auch das ist sehr klar: von Sokrates. Das heißt: vom Philosophen, denn diese Wissenschaft des »Maßes« der Werte und der Befriedigungen, wovon Sokrates versprochen hat, uns später zu sagen, was sie ist, ist nichts anderes – wir wissen es bereits – als die Philosophie.

Theaitetos

Der *Theaitetos*,[43] den man als den letzten von Platons sokratischen Dialogen ansehen kann, bietet nicht den dramatischen Reichtum des *Protagoras*; die Zahl der Gesprächspartner ist sehr klein: Sokrates, Theodoros und Theaitetos; die gedrängte und technische Diskussion gleitet oft in den Monolog ab. Das ist übrigens verständlich: das behandelte Problem, das der Natur der Wissenschaft, bietet sich schlecht einer anderen Behandlung dar.

Die literarische Struktur des *Theaitetos* bietet nichtsdestoweniger eine merkwürdige Besonderheit, bei der man einen Augenblick verweilen muß: der *Theaitetos* ist tatsächlich ein gelesener Dialog, oder genauer, ein *geschriebener* und *gelesener*. Das Vorwort, ein Vorgespräch zwischen zwei alten Gefährten des Sokrates, Terpsion und Eukleides, berichtet uns die Gelegenheit der Lesung: Eukleides hat gerade den Theaitetos getroffen, den man vom Lager vor Korinth nach Athen brachte. Theaitetos ist verwundet und krank; er kehrt nach Hause, um zu sterben. Und Eukleides, bei dem Gedanken an den unersetzlichen Verlust, den der Tod eines solchen Menschen bedeutet, erinnert sich »mit Verwunderung, welche Weissagung wie in so vielen anderen Reden des Sokrates auch in dem lag, was er von diesem gesprochen. Kurze Zeit vor seinem Tod begegnete

43 Noch einmal: wir geben weder Darstellung noch Kommentar des *Theaitetos*. Daher übergehen wir das Gespräch des Sokrates mit Theodoros und seine in anderer Hinsicht äußerst wichtige Rede über den Philosophen.

er dem Theaitetos, der noch ein Heranwachsender war; als er ihn näher kannte und sich mit ihm unterhielt, bewunderte er dessen glückliche Natur… und sagte mir, daß er unzweifelhaft ein ausgezeichneter Mann werde, wenn er sein volles Alter erreiche.« Dieses Gespräch mit Theaitetos erzählte Sokrates dem Eukleides, und dieser schrieb es nieder in der Form eines unmittelbaren Dialogs, »um das Beschwerliche zu vermeiden, das die Erzählformeln wie ›ich sagte‹, ›er gab es zu‹ hervorbringen.« Dieses Manuskript läßt Eukleides von einem Sklaven bringen und vorlesen.

Die besten Kritiker des *Theaitetos* glauben im allgemeinen, daß die von Eukleides vorgebrachten Gründe nichts anderes sind als Platons Darstellung der Motive, derentwegen er künftig den Erzählstil der großen Dialoge seiner Reifezeit aufgeben und zur einfacheren Technik seiner Jugend zurückkehren wird. Man fügt hinzu, daß der viel technischere Charakter der späteren Werke sich besser, wie wir es gerade selbst sagten, dieser unmittelbareren Machart anpaßt. Das Vorwort hätte also das Ziel, uns diese Erklärung zu liefern und zugleich den großen verstorbenen Gelehrten zu verherrlichen, an das – ohne Zweifel historische – Ereignis seiner Begegnung mit Sokrates zu erinnern und einmal mehr die Hellsichtigkeit dieses letzteren und seinen wohltuenden Einfluß auf die Jugend zu würdigen; und schließlich, dadurch daß Eukleides die Redaktion des Dialogs zugeschrieben wird, indirekt dem alten Kampfgefährten von einst eine Huldigung zu erweisen.

All das ist tatsächlich sehr wahrscheinlich,[44] erklärt uns aber

44 Man könnte sogar hinzufügen, daß Platon dadurch, daß er die Redaktion des Dialogs dem Eukleides zuschreibt, uns seinen apokryphen Charakter andeutet; andererseits gibt uns Platon durch diese Huldigung an seinen alten Freund zu verstehen, daß die Kritik an der Eristik der Schule von Megara nicht gegen Eukleides und dessen Lehrer Parmenides gerichtet ist.

nicht, warum Eukleides und Terpsion sich den Dialog vorlesen lassen, der uns beschäftigt. Es kann übrigens sein, daß darin kein Problem liegt, und daß Terpsion und Eukleides es tun, weil niemand es anders machte; mit anderen Worten, weil niemand die Dialoge wie Bücher las (ich will sagen, wie wir Bücher lesen) und weil jeder sie sich laut vorlesen ließ.[45] Das ist möglich, und das wäre schon einigermaßen interessant. Aber vielleicht handelt es sich um etwas anderes, nämlich um eine sehr genaue Erinnerung daran – was zweifellos auch ginge, ohne es zu sagen, aber noch besser, indem man es sagt –, daß der Dialog für Hörer geschrieben ist, und sogar nicht für irgendwelche Hörer, sondern – wie die beiden Freunde des Theaitetos – für Hörer, die mit den sokratischen Lehren und mit der Philosophie im allgemeinen wohl vertraut sind. In diesem Falle gäbe Platon uns einen Hinweis, indem er uns gewissermaßen sagt: Aufpassen! dieser Dialog ist nicht für Anfänger; er handelt von schwierigen Dingen; wenn ihr ihn begreifen wollt, so versetzt euch an die Stelle von Terpsion und Eukleides; vergeßt nicht, daß sie da sind.

Die *dramatis personae* des Dialogs sind uns gut bekannt. Theodoros von Kyrene, ein guter Mathematiker, guter Astronom und guter Lehrer; Theaitetos, sein bester Schüler, später Mitglied der Akademie und einer der ersten Geometer seiner Zeit. Traumhafte Gesprächspartner für eine Unterhaltung über die Wissenschaft. Und dennoch endet der Dialog mit einer Feststellung des Unwissens, mit einem Aufruf zu künftigen Forschungen. Ein negativer Schluß wie stets, und wie stets von größter Bedeutung; zumindest für uns Hörer. Wir stellen in der Tat fest – eine Feststellung, die ihren Wert noch nicht verloren hat –, daß Wissenschaft und Philosophie zweierlei sind; und daß man ein sehr guter Wissenschaftler sein und sehr schöne

45 Das laute Lesen kannte in der Antike eine Verbreitung, die für uns unvorstellbar ist.

Wissenschaft betreiben kann, ohne im mindesten zu wissen, was man macht. Es ist sogar fast stets so.[46]

Der eigentliche Dialog beginnt mit der »Einführung« des jungen Theaitetos. Sokrates, ständig auf der Lauer nach vielversprechenden jungen Leuten, fragt Theodoros, ob es unter seinen Schülern »einen jungen Mann gibt, der Erwähnung verdient«. Und Theodoros rühmt die wunderbaren Anlagen des Theaitetos. Außerordentliche intellektuelle Gaben, die selten bei einer Person beisammen sind – schnelle Auffassungsgabe und vollkommenes Gedächtnis –, begleitet von ebenfalls seltenen moralischen Eigenschaften – Sanftmut, Bescheidenheit und Tapferkeit – bilden ein einzigartiges Ganzes. Leider ist sein Äußeres dem nicht entsprechend: er ähnelt dem Sokrates, ist ebenso stupsnasig und häßlich wie dieser. (Wir freuen uns an dem Scherz und wir verstehen: Theaitetos hat ebenfalls philosophische Fähigkeiten und eine »philosophische Natur«, was Theodoros, der kein Philosoph ist, nicht sehen kann, was Sokrates aber auf den ersten Blick beurteilt.)

Das Gespräch beginnt und Sokrates gesteht – was unter Wissenschaftlern ganz natürlich ist –, nachdem er feststellt, stets geglaubt zu haben, daß *Wissenschaft und Weisheit nur eines seien*,[47] daß er doch nicht so recht wisse, was eigentlich die Wissenschaft sei; ob Theaitetos es ihm vielleicht sagen könne? – Der meint, das sei doch ziemlich einfach: alles, was man bei Theodoros lernt, Geometrie, Astronomie und so fort. Dann die Gewerbe und Handwerke und Künste: all das ist Wissenschaft (**epistēmē**, Wissen, Erkenntnis).

Wir sehen wohl: ebenso wie Menon (das ist ein beständiger Zug des sokratischen Dialogs), versteht Theaitetos die Frage

46 Die Bücher »wissenschaftlicher Philosophie«, die von den berühmtesten modernen Wissenschaftlern geschrieben werden, bestätigen Platons Meinung.

47 Von uns hervorgehoben.

des Sokrates falsch und gibt uns statt einer Definition eine Sammlung von Beispielen. Aber im Unterschied zu Menon versteht er völlig, als Sokrates ihm den Zirkelschluß zeigt, den er begangen hat. Das Problem, das Sokrates ihm stellt, bemerkt er, sei genau vom gleichen Typ, wie das, das er soeben gelöst hat: eine allgemeine Definition der irrationalen »Zahlen« zu geben, die er mit Hilfe einer doppelten Teilung erlangt hat, indem er zunächst alle Zahlen in »viereckige« und »längliche« teilte und die (gleichen) Faktoren der viereckigen Zahlen »Längen« (**mēkos**) nannte und die (gleichen) Faktoren der »länglichen« Zahlen (die zuvor in Vierecke verwandelt wurden) »Potenzen« (**dynamis**) nannte. So wird die Reihe der Zahlen dargestellt durch eine Reihe von Vierecken, und ihre Wurzeln – die selbst inkommensurabel sind, aber eine kommensurable Reihe erzeugen – durch die Reihe der »Längen« und der »Potenzen«.[48] Sokrates ist begeistert und, sagen wir es frei heraus, er hat auch allen Grund dazu. Deshalb ermutigt er Theaitetos: »Nimm deine Antwort auf das Problem der Potenzen als Modell, und so, wie du ihre Vielheit unter der Einheit einer Form begreifen konntest, versuche, die Vielheit der Wissenschaften unter eine einheitliche Definition zu fassen.« Der zögert indessen; das Problem beschäftigt ihn, aber er durchschaut es nicht, und Sokrates erklärt ihm, um ihn zu ermutigen, daß die Verlegenheit und die Verwirrung, die er empfindet, gerade das Kennzeichen dafür sind, daß seine Seele mit einem Gedanken schwanger geht. Er, Sokrates, hat als Sohn einer Hebamme auf gewisse Weise ihre Kunst von ihr geerbt; mit dem Unterschied allerdings, daß er nicht Frauen, sondern Männern Geburtshilfe leistet, und an der Seele und nicht an den Körpern. Wie die Hebammen gebiert er deshalb nicht selbst, sondern besitzt eine

48 In der Einleitung von A. Diès zu seiner Edition des *Theaitetos* (Paris 1924) findet der Leser alle gewünschten Informationen zu diesem Problem.

große Geschicklichkeit, jungen Leuten bei der Niederkunft ihrer Ideen zu helfen und zu erkennen, ob die Frucht ihrer Anstrengungen gesund und stark ist oder im Gegenteil schwach und mißgebildet; das ist um so nötiger und um so schwieriger, weil die Geister – was den Körpern nie zustößt – manchmal nicht mit einer wirklichen Frucht, sondern mit einem Scheinbild und Windei niederkommen. Deshalb biete er dem Theaitetos an, von seiner Kunst zu profitieren: »Nimm also die Frage auf, Theaitetos; versuche zu sagen, worin die Wissenschaft besteht.« Und der junge Mann antwortet, von Sokrates ermutigt und bezwungen: »Meiner Ansicht, zumindest meiner gegenwärtigen Ansicht nach, ist Wissenschaft nichts anderes als Wahrnehmung.« – »Keine gewöhnliche Meinung« , sagt Sokrates und fügt hinzu: »Es ist die des Protagoras. Seine Formel ist ein wenig verschieden, aber sie sagt dasselbe. Er behauptet in der Tat etwa dieses: ›Der Mensch ist das Maß aller Dinge; der seienden, daß sie sind, der nichtseienden, daß sie nicht sind.‹ – Das hast du doch wohl gelesen?« – Und Theaitetos gesteht zu: »Mehr als einmal.«[49]

Die Wahrnehmungstheorie des Theaitetos impliziert also den Relativismus des Protagoras; er ist sogar damit identisch; und wie Sokrates es uns ausführlich erklärt, impliziert der Relativismus des Protagoras seinerseits notwendig eine mobilistische Metaphysik vom Typus der des Heraklit. Wenn man nun diesen Mobilismus bis in seine letzten Konsequenzen verfolgt, führt er uns zu einer Konzeption der Welt, worin nichts ist, worin nichts länger als einen Augenblick währt, wo alles – örtlich und qualitativ – in Bewegung ist, das heißt jeden Augenblick den Ort und die Bestimmung wechselt. In einer solchen Welt, einer Welt der reinen Mannigfaltigkeit ohne jede Einheit,

49 Wenn Wissenschaft gleich Wahrnehmung ist, so ist klar, daß es keine »Wissenschaft« der Moral geben kann oder, wenn man das vorzieht, daß die Moral nicht Wissenschaft ist.

gibt es nach aller Evidenz weder Objekt noch Subjekt und keinerlei Aussage und deshalb keinerlei Wissenschaft. Deshalb zerstört sich dieser absolute Sensationismus selbst.[50]

Um es noch einmal zu sagen, unsere Aufgabe ist keine Abhandlung und auch nicht ein Kommentar über den Theaitetos. Deshalb untersuchen wir nicht im einzelnen die lange Diskussion, in der Sokrates den Relativismus des Protagoras in allen seinen Formen und Aspekten entwickelt und kritisiert – als Individualismus, Soziologismus und Pragmatismus; das ist höchst interessant, belehrend und modern: aber es würde uns zu weit führen und von unserem Ziel abbringen.

Bemerken wir jedoch, daß die Auffassung des Protagoras, zumindest in der Deutung, die ihr Platon gibt, zur Negation einer objektiven Welt und sogar einer allen gemeinsamen Welt führt. Man gelangt schließlich zu der Behauptung, daß jeder von uns, jeder Mensch in einer eigenen Welt lebt, einer privaten Welt, die sich von einem Augenblick zum anderen verwandelt und neu konstituiert, und in der – oder, genauer, in denen – für das (ebenfalls augenblickshafte) Subjekt das ist und wahr ist, was ihm in jedem Augenblick zu sein oder wahr zu sein scheint. Anders gesagt, die Theorie des Protagoras zerstört und leugnet die Unterscheidung zwischen Wirklichkeit und Schein, zwischen subjektivem Glauben und Wahrheit.

Aber kehren wir zurück zur Argumentation des Theaitetos. Neben der negativen Kritik des Relativismus des Protagoras, einer Kritik durch Selbstzerstörung, von der wir soeben spra-

50 Ist Platons Deutung der Lehre des Protagoras richtig? Darüber wissen wir im Grunde nichts. Es kann sein, daß Protagoras nicht einen individualistischen Sensualismus, sondern einen sensualistischen Anthropologismus, eine Art Philosophie des gesunden Menschenverstands (das Wirkliche ist das, was man wahrnimmt, was Gegenstand einer sinnlichen Wahrnehmung ist) gelehrt hat, der vor allem gegen die magisch-religiösen Vorstellungen oder den Aberglauben seiner Zeit gerichtet war.

chen, finden wir da gleichfalls eine Kritik von ganz anderer Art, eine positive Kritik, eine Kritik durch die Tatsache. Der Relativismus des Protagoras impliziert oder behauptet in der Tat die Nichtexistenz eines Wesens, das nicht korrelativ zur Sinneswahrnehmung ist, eines vom Subjekt unabhängigen Objekts. Nun erstreckt sich unsere Wissenschaft, oder beansprucht es doch, auf ein solches Wesen; sie umfaßt Vorhersagen, das heißt Behauptungen für die Zukunft; sie gilt also auch für Gegenstände, die nicht von uns abhängen, denn die zukünftigen Ereignisse treten ein oder nicht, ohne Rücksicht auf unsere sie betreffenden Überzeugungen; deshalb ist der Mensch hinsichtlich der Zukunft nicht *das Maß der Dinge*; ganz im Gegenteil sind es die »Dinge«, die das »Maß« des Menschen sind und der *objektiven* Richtigkeit – oder Falschheit – seiner vorgeblichen »Wissenschaft«. Außerdem, und das ist vielleicht noch wichtiger, ist die Zukunft als solche nicht das Objekt der Sinneswahrnehmung, sondern des *Denkens.* Und nicht nur die Zukunft; denn selbst in der Gegenwart und, was mehr bedeutet, in der gegenwärtigen Wahrnehmung gibt es eine Menge von Dingen, die von der Sinnesempfindung nicht erfaßt, noch auch nur angepeilt werden. Tatsächlich ist die Wahrnehmung nicht Sinnesempfindung; sie ist etwas viel Komplexeres, etwas worin die Mannigfaltigkeit der eigentlichen Sinnesempfindungen im Subjekt, das heißt in der Seele vereinigt und gegliedert wird. Deshalb ist es nicht der Sinn, der wahrnimmt, sondern die Seele mittels der Sinnesorgane. Es ist auch nicht der Sinn, sondern die Seele, die die *Bedeutung* der Wörter erfaßt, die wir hören – was Theaitetos von Beginn des Dialogs an beobachtet hatte, ohne jedoch alle Folgen zu übersehen, die seine Bemerkung implizierte; schließlich ist es auch die Seele, die das erfaßt, was zwei oder mehreren Bereichen des Sinnlichen gemeinsam ist, nämlich ihr Sein, ihre Zahl, ihre Ähnlichkeit, die Identität und Verschiedenheit... »Die Gemeinsamkeiten haben nicht, wie das sinnlich Wahrnehmbare, ihr eigenes Organ. Es ist die Seele selbst und durch sie selbst, die in allen Dingen die Untersuchung der Gemeinsamkeiten anzustellen scheint.« Und deshalb, so belehrt uns Sokrates, »haben Menschen und Tiere von Geburt an und durch die Gabe der Natur die Fähigkeit der Sinnesempfindung für alle Eindrücke, die durch den Kanal des Körpers die Seele erreichen. Aber die Überlegungen, die diese Eindrücke in ihren Beziehungen zum Sein (Wesen, **ousia**) oder zum Nützlichen vergleichen, die bilden sich durch Anstrengung, mit der Zeit und um den Preis einer großen Mühe und langen Lehrzeit allmählich *in denen, worin sie sich gleichwohl bilden*«.[51] Da man nicht zur Wahrheit gelangt, wenn man nicht zum Sein (Wesen, **ousia**) gelangt, und da die Wissenschaft nicht dort zu finden ist, wo die Wahrheit abwesend ist, so folgt daraus, daß »die Wissenschaft nicht in den Eindrücken liegt, sondern in der Schlußfolgerung über die Eindrücke«, »in dem Akt, wie er auch heißen mag, durch den die Seele sich allein und unmittelbar mit dem Studium der Wesen beschäftigt«.

Nun ist der Name dieses Akts, so sagt uns Theaitetos, *Urteil* oder *Vorstellung*. Desgleichen schlägt er vor – ohne viel darauf zu geben, es ist eine Arbeitshypothese –, die Wissenschaft mit der Vorstellung zu identifizieren. Allerdings nicht mit irgendeiner Vorstellung, denn die kann wahr oder falsch sein; sondern mit der *wahren Vorstellung* (**doxa alēthēs**).

Die Definition der Wissenschaft als der wahren Vorstellung ist gewöhnlich und geläufig. Deshalb setzt ihr Sokrates den ebenfalls gewöhnlichen und geläufigen Einwand der Eristik hinsichtlich der Unmöglichkeit der falschen Vorstellung und des falschen Urteils entgegen; mit anderen Worten, die Unmöglichkeit des Irrtums.[52] Denn in der Tat weiß man etwas oder man weiß es nicht; man kann nicht das, was man weiß, nicht

51 Von uns hervorgehoben.
52 Das Problem des Irrtums ist ein sehr ernstes Problem und die Crux der Philosophie.

wissen, noch das wissen, was man nicht weiß; ebensowenig wie man das Wissen mit dem Nichtwissen verwechseln kann oder das Sein mit dem Nichtsein; das was ist, mit dem, was nicht ist. Der Gegenstand des falschen Urteils ist deshalb das, was nicht ist; nun ist das, was nicht ist, nichts, und ein Urteil über nichts ist überhaupt kein Urteil. Man sieht es wohl: die falsche Vorstellung ist unmöglich, was man einfacher auch mit der Feststellung erhält, daß man sich nie über das täuscht, was man weiß, noch über das, was man nicht weiß; und daß man das, was man weiß, nicht mit dem vermischen könnte, was man nicht weiß.

Dennoch ist die falsche Vorstellung eine Tatsache: man kann nicht am Irrtum zweifeln. Wie soll man daher sein Entstehen im Denken erklären? Aber zunächst, was ist Denken? Und Sokrates erklärt uns, daß es »eine Unterredung sei, die die Seele stets mit sich selbst führt über die Gegenstände, die sie untersucht… Denken ist für sie nichts anderes als sich unterreden, die Fragen und die Antworten an sich selbst zu richten und von der Behauptung zur Negierung zu schreiten. Hat sie einmal, sei es in einer mehr oder weniger langsamen Bewegung, sei es sogar in einem rascheren Schwung, ihr Urteil gefällt, so bleibt sie beständig bei ihrer Behauptung und zweifelt nicht mehr daran, und da können wir bei ihr die Vorstellung ansetzen. Dergestalt, daß dieser Akt des Vorstellens bei mir Unterreden heißt, und die Vorstellung eine gehaltene Rede, aber gewiß nicht vor einem anderen und mündlich, sondern schweigend und zu sich selbst«.[53]

Wird uns die schöne Beschreibung des Sokrates – bemerken wir im Vorübergehen, daß sie uns die Daseinsberechtigung des Dialogs erläutert[54] – erlauben, den Punkt zu bestimmen, wo

53 Wie sollte man sich nicht an Descartes erinnern, der sich an seinem Kachelofen »mit seinen Gedanken unterhielt«?
54 Das Denken ist der Dialog der Seele mit sich selbst.

sich der Irrtum in unseren Geist schleicht? Vielleicht; unter der Bedingung, daß wir sie richtig verstehen; daß wir sie entziffern können und das sehen, was Sokrates uns zu zeigen versucht.

Aber kehren wir zum Problem des Irrtums zurück. Der Irrtum, sagt uns Sokrates, kann sich nicht dort einstellen, wo die Seele beim Urteilen mit den Gegenständen, über die sie urteilt, »in Berührung« ist, wo diese Gegenstände dem Denken »gegenwärtig« sind. Daher kann niemand das Gerade mit dem Ungeraden, das Eine mit dem Anderen, das Gute (an sich) mit dem Schlechten verwechseln. Aber er kann sich dort einstellen, wo einer der Begriffe des Vergleichs gegenwärtig ist, aber nicht der andere; dort zum Beispiel, wo die gegenwärtige Sinnesempfindung mit Hilfe der Erinnerung gedeutet wird. Diese enthält und bewahrt tatsächlich die Spuren vergangener Eindrücke, »als gäbe es in der Seele ein prägbares Wachs«, in das sie sich eindrückten und abdrückten. Ein gegenwärtiges Objekt erkennen hieße dann, die aktuelle Sinnesempfindung zu dem schon früher von ihm eingeprägten Abdruck zurückkehren zu lassen; aber diese Abdrücke sind mehr oder weniger deutlich je nach der Beschaffenheit des Wachses – und überdies verderben sie mit der Zeit. So kommt es manchmal vor, daß sie nicht ins richtige Fach geraten: das falsche Wiedererkennen, die Verwirrung ist nichts anderes als das.

Eine schöne Theorie, die den Theaitetos begeistert. Leider erklärt sie nicht die Fälle, da der Irrtum nicht-sinnliche Gegenstände betrifft: etwa die Rechenfehler, bei denen es sich nicht darum handelt, die gegenwärtigen Objekte zu zählen, sondern die Zahlen selbst zu addieren; diese sind, wie man weiß, nicht Gegenstände der Sinnesempfindung, sondern des Denkens.

Die physiologische Theorie der Erinnerung mit ihrem groben Bild der Wachseindrücke hat sich als unzureichend erwiesen, und Sokrates entwirft eine andere, feinere, die uns endlich verstehen lassen soll, wie es möglich ist, »das nicht zu wissen, was man weiß«. Aber um das zu tun, müssen wir den Begriff des Wissens präzisieren. Ist es denn nicht »unverschämt«, bemerkt Sokrates – eine Bemerkung von großer Bedeutung –, über das Wissen diskutieren zu wollen, wenn man nicht weiß, was die Wissenschaft ist? Ein Methodiker verböte es uns, uns dieser Begriffe zu bedienen und machte uns unsere falsche Methode der Diskussion zum Vorwurf. Und er hätte Recht damit, »denn wie oft haben wir nicht tatsächlich gesagt, ›wir wissen‹ und ›wir wissen nicht‹, ›wir erkennen‹ und ›wir erkennen nicht‹, als ob wir uns einander darüber verstünden, während wir von der Wissenschaft noch gar nichts wissen«. Der Zirkel ist offensichtlich. Aber leider ist er unvermeidlich. Auf die irritierte Frage des Theaitetos: »Aber auf welche Art willst du denn reden, Sokrates, wenn du dich ihrer enthältst?« antwortet Sokrates deshalb: »Auf gar keine, *so wie ich bin.*«[55]

Fangen wir also von vorne an. Wissen, sagt man, ist Wissenschaft haben. Besser wäre zu sagen: die Wissenschaft besitzen und nicht haben; das würde uns erlauben, in den Bereich der Wissenschaft die Unterscheidung von Aktualität und Inaktualität, von Präsenz und Nicht-Präsenz einzuführen, von der wir Gebrauch gemacht haben, um die Sinnesempfindung der Erinnerung entgegenzusetzen. Man besitzt in der Tat viele Dinge, die man nicht »in Händen« hat. Ein Gewand, das man erworben hat, aber das man gerade nicht trägt, besitzt man trotzdem. Ebenso alles, was man gelernt hat, alle Wissenschaften, die man erworben hat, besitzt man, auf gewisse Weise im Gedächtnis gestapelt, selbst wenn man nicht an sie denkt, selbst wenn sie momentan nicht dem Geist präsent sind. Und Sokrates vergleicht das Gedächtnis mit dem Taubenschlag, worin ein Vogelfänger alle die Vögel (Wissenschaften) hält, die er auf der Jagd gefangen hat. Er besitzt sie in seinem Taubenschlag, ohne sie indessen in Händen zu haben. Er kann sie daraus hervorholen, aber dabei kann er sich täuschen und einen Vogel anstatt eines

55 Von uns hervorgehoben.

anderen greifen; eine Ringeltaube statt einer gewöhnlichen Taube. Ebenso können wir, wenn wir in unserem Gedächtnis die Wissenschaften (Kenntnisse) suchen, die wir dort abgelegt haben und die wir besitzen, anders gesagt, die Dinge, die wir gelernt haben und die wir wissen, uns vergreifen und, statt die zu fassen, die wir suchten, eine andere ergreifen.

Die Erklärung des Irrtums – der »falschen Vorstellung« – erscheint auf den ersten Blick befriedigend. Aber nur auf den ersten Blick, denn sie impliziert – eine paradoxe und zerstörerische Konsequenz –, daß das Nichtwissen Wissen sei.[56] Wenn man, wie es Theaitetos vorschlägt, in unseren Taubenschlag mit den »Kenntnissen« vermischt »Unkenntnisse« setzte – was uns zu sagen erlaubte, daß man sich täuscht, wenn man statt einer Kenntnis eine Unkenntnis griffe –, so wären wir, außer daß das schon gelöste Problem des Irrtums vorausgesetzt würde,[57] in der Tat zu unserem Ausgangspunkt zurückgeführt. Denn wer eine Unkenntnis ergreift (statt einer Kenntnis) und eine falsche Vorstellung formuliert, würde glauben, eine richtige zu formulieren; und verwechselt also Kenntnis mit Unkenntnis. So würde auch der Methodiker seine Argumente wiederaufnehmen und uns die Frage stellen: »Ist es möglich, die eine und die andere zu kennen, Kenntnis und Unkenntnis, und dennoch die eine für die andere zu halten?« Als ob wir sagten, daß die Unterscheidung zwischen Kenntnis und Unkenntnis Gegenstand einer neuen Wissenschaft wäre (einer Wissenschaft zweiten Grades), müßten wir, um den Irrtum in dieser zu erklären, einen neuen Taubenschlag bauen und so fort ins Unendliche.

Die Identifizierung der Erkenntnis mit der wahren Vorstellung (oder umgekehrt, der wahren Vorstellung mit der Erkennt-

56 Man kann sich nur über das täuschen, was man weiß, was man gelernt hat.

57 Die Nicht-Erkenntnisse sind Irrtümer, und damit setzt die von Theaitetos vorgeschlagene Lösung die Existenz des Irrtums wie die von etwas Positivem voraus.

nis) macht also die falsche Vorstellung unmöglich. Nun sind wir aber von der Existenz der falschen Vorstellung ausgegangen und haben die Erkenntnis als *wahre* Vorstellung definiert. Mithin sind wir an einen formellen Widerspruch geraten; die dialektische Untersuchung der Hypothese des Theaitetos hat zu ihrer Selbstzerstörung geführt.[58] Also ist die Erkenntnis nicht die wahre Vorstellung, und die wahre Vorstellung ist nicht die Erkenntnis (was uns, das sei im Vorbeigehen gesagt, mit einemmal die Möglichkeit des Irrtums, der falschen Vorstellung erklärt); übrigens hätten wir uns davon unmittelbar, viel schneller und einfacher, Rechenschaft geben können. Tatsächlich läßt die persuasive Eloquenz der Rhetoren, ohne die Hörer irgendetwas zu *lehren*, in deren Seelen Vorstellungen aller Art entstehen. Es kommt sogar vor, daß der Richter während eines Prozesses, von ihrer Rede überzeugt, sich eine *wahre* Vorstellung bildet und ein *richtiges* Urteil über Tatsachen fällt, von denen es ihm jedoch unmöglich ist, Erkenntnis (Wissenschaft) zu besitzen…

Aber was ist denn nun die Erkenntnis (Wissenschaft)?

Eine neue Anstrengung der Definition erscheint nötig, und Theaitetos erinnert sich plötzlich, er habe jemanden darüber etwas sagen hören, was ihm aus dem Gedächtnis entschwunden war und ihm jetzt wieder einfällt, nämlich, die Erkenntnis sei »die wahre Vorstellung mit ihrer Erklärung verbunden (**doxa alēthēs meta logou**) und ohne diese Erklärung wäre sie außerhalb der Erkenntnis. Und wovon es keine Erklärung gebe, das

58 Der destruktive Gedankengang erscheint, um die Wahrheit zu sagen, recht sophistisch, und man wundert sich manchmal, daß Platon ihn Sokrates in den Mund legt und damit als gültig gebraucht. Das kommt daher, daß man bei diesem Gedankengang nicht genügend beachtet, daß er **ex hypothesi** (unter der Annahme) der Identität von Erkenntnis und Vorstellung geführt wird; in der Tat, wenn man die Identifikation zugesteht, wird die Folgerung banal, denn »falsche Vorstellung« hieße dann »falsche Erkenntnis«.

sei auch nicht erkennbar, wovon es eine gebe, das sei erkennbar, und so benannte er dies auch«.

Derjenige, auf den Theaitetos anspielt, ist aller Wahrscheinlichkeit nach Sokrates selbst. Hat er uns nicht im *Menon* und andernorts gesagt, die Vorstellung (**doxa**) unterscheide sich von der Erkenntnis darin, daß sie schwach und unsicher sei und nicht von sich selbst Rechenschaft geben könne; daß sie aber, durch die Überlegung bestärkt und verbunden, Erkenntnis wird? Deshalb sind die meisten Kritiker der Auffassung, daß die von Theaitetos gebrauchte Formel – die Erkenntnis ist die mit ihrer Erklärung verbundene wahre Vorstellung – eine Erinnerung an eine authentisch platonische Definition ist, die aber einer früheren und überwundenen Epoche oder Etappe von Platons Denken angehört. Im *Theaitetos* nehme er sie auf, verbessere sich und kritisiere sich also selbst.

Wir selbst glauben nicht daran. Wir glauben im Gegenteil, daß es sich für Platon darum handelt, entweder eine offenbar analoge (aller Wahrscheinlichkeit nach demokriteische) Lehre oder ein mögliches Mißverständnis seiner Lehre, das sie damit verwechseln würde, zurückzuweisen; tatsächlich ist die von Platon kritisierte Formel nicht identisch mit der, die er Sokrates in den Mund legt; der junge Theaitetos erinnert sich schlecht oder er hat falsch verstanden. Überdies meint Sokrates, daß die Theorie, auf die Theaitetos anspielt, identisch ist mit der, von der er »geträumt« habe und der zufolge alles in der Natur aus gewissen einfachen Elementen (**stoicheia**) zusammengesetzt sei, die wie die Buchstaben daraus alles bildeten: die »Zusammensetzungen«, die »Silben« und die »Wörter« wären nach dieser Theorie Gegenstand des Logos[59] und mithin der Erkenntnis. Was die Elemente oder Buchstaben betrifft, so kann man davon nichts »sagen«; sie werden nur mit der Sinnesempfindung

59 Der Begriff **logos** ist besonders schwer zu übersetzen, da er zugleich Vernunft, Rede und Proportion (*ratio* und *verbum*) bezeichnet.

ergriffen (**aisthēta**); unausdrückbar, sind sie **aloga** und bleiben also außerhalb der Rede, der Erklärung, als »unsagbar«. Das bedeutet, in modernen Begriffen, daß jede Zusammensetzung notwendig nicht definierbare (»irrationale«) Elemente enthält, und daß es bei jeder Zusammensetzung ihre Struktur oder Form ist, die Gegenstand der Erklärung und also der Erkenntnis ist. Die Buchstaben und die Silben eines Wortes haben keinen Sinn. Das Wort hat einen. Eine sehr plausible und moderne Theorie. Aber es fällt schwer zuzugestehen, meint Sokrates, daß die Elemente, in denen man eine vernünftige Zusammensetzung analysieren kann, selbst außerhalb der Erklärbarkeit lägen;[60] wollte man im Gegenteil leugnen, daß die »Silbe« aus Buchstaben zusammengesetzt sei, und machte sie zu einer einfachen formalen Einheit, so wäre dieses selbst ein Element und mithin **alogos**; und lernt man nicht übrigens – ein Tatsacheneinwand – die Buchstaben vor den Silben? und bedeutet sie zu lernen etwas anderes, als sie wiederzuerkennen und voneinander unterscheiden zu können?[61]

Das ist nicht wichtig; sehen wir lieber im allgemeinen, »was kann dieser Logos (Erklärung oder Rede) bedeuten, der mit der richtigen Vorstellung verbunden die höchste Vollkommenheit der Erkenntnis hervorbringt«. Logos bedeutet zunächst Rede; die Rede mit der richtigen Vorstellung verbinden, wäre nichts anderes als ihr einen Ausdruck in Worten zu geben; und das verändert mit aller Evidenz nicht ihr Wesen, da jede Vorstellung fähig ist, so ausgedrückt zu werden.

60 Die verständlichen Elemente eines Ganzen, die idealen Bestandteile einer Idee müssen verständlich, wenn auch definierbar, sein – und sind es; kein Element – selbst ein rein sinnliches – ist völlig **alogos**, denn es kann von den anderen unterschieden und mit sich selbst identifiziert werden. Die Kritik des Relationismus, die Platon bietet, ist äußerst suggestiv.

61 Die von Theaitetos ausgearbeitete Theorie der Irrationalien zeigt uns gerade, daß diese vorgeblichen Irrationalien es keineswegs sind.

Den Logos mit der richtigen Vorstellung verbinden, kann auch bedeuten: die globale – und mithin vage – Erkenntnis einer Sache mit der Erkenntnis ihrer Struktur und der Teile, aus denen sie besteht, zu verbinden. So wissen wir wohl, was ein Wagen ist; aber wir wüßten nicht die hundert Stücke, aus denen er nach Hesiod besteht, aufzuzählen: wer es könnte, hätte die Kenntnis, während wir davon nur eine Vorstellung haben. Das ist eine interessante Konzeption, meint Sokrates, und dieser Logos füge zweifellos etwas zu der geläufigen Vorstellung hinzu, die man von der Sache hat. Aber ist das schon Erkenntnis? Nein, denn damit es Erkenntnis wäre, müßte derjenige, der alle Bestandteile des Wagens kennt (oder alle Buchstaben eines Wortes), sie selbst dann wiedererkennen, wenn sie Teile irgendeiner anderen Zusammensetzung wären (sich in einem anderen Wort fänden). Die Bestandteile eines Gegenstandes in der gewollten Ordnung aufzählen zu können, bedeutet daher nicht, daß man wirklich seine Erkenntnis besäße;[62] mit anderen Worten, es gibt einen Logos, der die richtige Vorstellung nicht in *Erkenntnis* verwandelt.[63]

Schließlich bezeichnet ein dritter und letzter Sinn des Begriffs Logos »den Unterschied (**diaphora**), der jeden Gegenstand von allen anderen unterscheidet«. Aber die richtige Vorstellung ist schon verpflichtet, sich nicht an vage Allgemeinheiten zu halten und den Gegenstand zu unterscheiden, auf den sie sich von allen anderen bezieht: wie könnte sie sonst, das heißt wenn sie nicht Theaitetos von Theodoros und von Sokrates unterschiede, etwas Wahres[64] über Theaitetos sagen? – Was will dann die Verbindung mit dem Logos sagen? Die eines Urteils (richtige Vorstellung), die den Unterschied betrifft? Das wäre völlig lächerlich! Wenn man nun sagte, was man im Auge habe,

62 Die Elemente müssen selbst Gegenstände der Erkenntnis sein.

63 Die praktische Kenntnis des Handwerkers, »knowledge by acquaintance«, ist keine Erkenntnis.

64 Sie könnte auch nichts Falsches sagen. Sie könnte *nichts* sagen.

sei nicht die Verbindung einer Vorstellung mit einer anderen, sondern die der Erkenntnis des Unterschieds mit einer wahren Vorstellung, so entginge man zweifellos dem Lächerlichen, befände sich aber in einem unentrinnbaren Zirkelschluß.

Wir sind am Ende des Dialogs. Wir stellen fest, daß die Unterhaltung zu nichts geführt hat. Theaitetos hat nichts mehr zu sagen. Er ist vollständig niedergekommen, und alles, was er in die Welt gesetzt hat, war ein Windei. Und Sokrates endet damit, daß er Theaitetos sagt, wenn er von der überstandenen Probe gereinigt aufs Neue zu empfangen versuchen würde, so würde er wahrscheinlich etwas Besseres hervorbringen. Im Augenblick muß Sokrates eilen: er muß sich in die Königshalle begeben, um auf die Anklage zu antworten, die Meletos gegen ihn angestrengt hat.

Die neue Unterredung über die Erkenntnis wird niemals stattfinden, wie wir nur zu gut wissen. Sokrates kann sie nicht mehr leiten. Wir werden also niemals wissen, was Erkenntnis ist... Es sei denn, wir wüßten es schon. Es sei denn, wir könnten eine positive Folgerung aus der Diskussion ziehen, die sich vor uns abgespielt hat, eine Folgerung, die Theaitetos – der die Lektion des Sokrates nicht verstanden hat und sich seinen Anweisungen nicht fügte – nicht daraus ziehen konnte.

Theaitetos hat die Lektion des Sokrates nicht verstanden, sich seinen Anweisungen nicht gefügt? Zweifellos. Und auch da können wir verstehen, warum: weil er zu jung ist (die Philosophie ist keine Sache der Jugend: der Mathematiker ist frühreif, der Philosoph ist es nicht) und keinerlei Erfahrung in philosophischer Untersuchung hat; weil er zu bescheiden ist und die Anstrengung eigenen Denkens, die Sokrates von ihm verlangt, nicht zu machen wagt.[65] Deshalb hat er überhaupt

65 Er ist im Augenblick zugleich zu unerfahren und zu bescheiden. Im Augenblick, denn später wird er diese Anstrengung leisten. Dann wird er zum Philosophen.

nichts geboren. Seine Schwangerschaften waren Scheinschwangerschaften, und keines der Kinder, die er hervorgebracht hat, war von ihm: wir wollen sagen, keines war die Frucht eigenen Nachdenkens. Es waren Meinungen – außerdem falsche Meinungen –, die er bei seiner Lektüre gesammelt hat und bei Unterhaltungen; auch hat er sie in der Diskussion mit Sokrates aus seinem Gedächtnis gezogen, nicht vom Grund der Seele, wo die wahrhafte Erkenntnis liegt, die Erinnerung an die einst wahrgenommene oder, besser, ihr ewig gegenwärtige Wirklichkeit.

Vielleicht, übrigens, war das nicht sein Fehler. Wir beginnen alle und stets mit dem Irrtum, mit dem Vergessen unserer selbst, und wir müssen den Irrtum zerstören, ehe wir uns zu der Wahrheit wenden können, die er uns verschleiert; daher war es nötig, die Seele des jungen Theaitetos zu reinigen, sie von Vorstellungen freizuräumen, mit denen sie vollgestopft war, und die sie hinderten, sich zu sich selbst zu wenden und die Wahrheit zu ergreifen, die sie schon besaß. Verstopfung, Verblendung der Seele durch übernommene Meinungen… Hatte uns das nicht von Beginn des Dialoges an erstaunt, als wir sahen, wie Theaitetos Sokrates ein wunderbares Beispiel wahrhaft wissenschaftlichen Denkens liefert und gleichzeitig nicht auf die Frage antworten kann: Was ist die Wissenschaft? Um uns eine richtige Antwort zu geben, hätte er uns nur beschreiben und genau darlegen müssen, was er gerade gemacht hat; nun, nicht nur tut er das nicht – er ist unfähig, reflexives Denken zu praktizieren, er hat das **gnōthi seauton** nicht gelernt[66] –, sondern er gibt uns eine Antwort, deren Falschheit in die Augen springt. In der Tat gibt es etwas, was von der »Sinnesempfindung« entfernter ist als das Studium der Zahlen und ganz besonders der irrationalen und ihrer Beziehungen? Ist das nicht die beste Widerlegung des Sensationismus? – Wir sehen dies wohl ein, aber

66 Erkenne dich selbst.

Theaitetos denkt nicht im Traum daran (und Platon treibt die Eleganz so weit, daß Sokrates ihn nicht darauf aufmerksam macht): er hat es oft gelesen und er hat es von seinem Lehrer Theodoros sagen hören – der, noch sehr jung, sich von den »abstrakten Fragen« abwendete, um sich ganz der Geometrie zu widmen, und der, aus *Freundschaft*[67] für Protagoras dessen Wissenschaftslehre angenommen hat –, daß die Erkenntnis »Sinnesempfindung« sei; er behauptet es seinerseits. Wie er später sagen wird, daß sie wahre Vorstellung ist. Oder wahre Vorstellung mit Erklärung verbunden.

Als Mathematiker, der an die Strenge und Präzision der mathematischen Beweisführung gewöhnt ist, hätte er jedoch unmittelbar bemerken müssen – wie wir es getan haben – daß die *Erkenntnis*, die sie uns gibt (und die das *Fundament* eines Urteils oder einer »Vorstellung« sein kann), etwas ganz anderes ist als eine – wahre oder falsche – Vorstellung, die begründet oder unbegründet sein kann, und als eine Überzeugung, die von der Seele Besitz ergreifen kann. Sokrates' schöne Beschreibung durch den Vergleich des Denkens mit einer Rede, einer Unterredung, die die Seele mit sich selbst führt, hätte ihm allein schon genügen müssen: ist es nicht klar, daß diese Rede, die die Seele an sich selbst richtet, und durch die sie sich überzeugt, diese oder jene andere Vorstellung anzunehmen, ebensowohl ein »persuasiver« Diskurs sein kann – oder sogar ein sophistischer – wie eine wissenschaftliche Schlußfolgerung? Nun, wenn man das begreift, wenn man begreift, daß die Vorstellung keine Erkenntnis ist, und daß folglich die wahre Vorstellung sich *an sich* in nichts von der falschen Vorstellung unterscheidet, so begreift man unmittelbar die Möglichkeit des Irrtums, die Möglichkeit, die wahre und die falsche Vorstellung zu verwechseln. Und wie unterschiede man außerdem die *wahre* Vorstellung von der *falschen* Vorstellung, ohne vorher zu wissen, was die

67 Von uns hervorgehoben.

Wahrheit ist, das heißt ohne die Erkenntnis zu besitzen. Diese ganze Untersuchung der Vorstellung setzt also die Erkenntnis voraus und kann nur von ihr aus geschehen.

Was das Dilemma – den brutalen Gegensatz – zwischen Erkenntnis und Nicht-Erkenntnis, Wissen und Nicht-Wissen betrifft, wie konnte Theaitetos, an die Lösung von Problemen gewöhnt und an den Beweis von Theoremen, das heißt, aus einer Reihe von Sätzen, Daten oder Hypothesen die Folgerungen zu ziehen, die sie enthalten, wie konnte er nicht verstehen, daß das Dilemma, in dem uns der Methodiker einzuschließen behauptet, künstlich und falsch ist? Wissen, was man nicht weiß, nicht wissen, was man weiß… Wir, die wir dem Dialog beiwohnen, währenddem die sokratische Hebammenkunst aus Theaitetos ein Wissen zieht, das er nicht weiß; wir, die ebenso wie Terpsion und Eukleides den *Menon* gelesen oder gehört haben, wir wissen wohl, daß das keineswegs etwas Unmögliches ist, sondern die normale, wirkliche und sogar wesentliche Situation des menschlichen Wesens.

Wissen, was man nicht weiß, nicht wissen, was man weiß… Wissen, Erkenntnis haben… Was ist das alles? Auch da gibt es etwas, was wir wissen, ohne es zu wissen. Theaitetos hat die Lektion nicht verstanden, den tiefen Sinn der sokratischen Kritik seiner dritten und letzten Definition der Erkenntnis. Der Sinn ist jedoch völlig klar, und das seit langem, die Diskussion hat uns das vorhersehen lassen. Seit langem schon hat Sokrates uns in der Tat bemerken lassen, daß wir während unserer Untersuchung die Begriffe »Erkenntnis« und »Wissen« so gebrauchen, als verstünden wir sie schon; er hat uns sogar gesagt, daß das unvermeidlich sei; daß zumindest er, Sokrates, es nicht anders tun könne. Daher waren wir auch nicht sehr erstaunt, Theaitetos am Ende in einen Zirkelschluß geraten zu sehen: auf was sollte er denn sonst geraten, da es von Anfang an so war, daß man sich im Kreise bewegte? Sein einziger Fehler bestand darin, sich nicht davon Rechenschaft abzulegen, sich nicht klar zu machen, daß man dem nicht entgehen kann, nicht zu verstehen, daß die notwendige Zirkularität jeder Definition der Erkenntnis uns den ausgezeichneten Charakter dieses Begriffs offenbart. Ihn zu definieren ist ebenso unmöglich wie den des Seins zu »definieren«. Oder des Guten.

Wie kann man nun aber wissen, was die Erkenntnis ist? Auf genau dieselbe Art und Weise, wie wir wissen, was das Sein ist. Übrigens sagt es uns Sokrates *expressis verbis*: die Erkenntnis ist nichts anderes als der Besitz der Wahrheit. Und diese ist nichts anderes als die Offenbarung des Seins. Wir haben die Erkenntnis, wenn wir in der Wahrheit sind, das heißt wenn unsere Seele in unmittelbarem Kontakt mit der Wirklichkeit – mit dem Sein – sie reflektiert und sie sich selbst offenbart. Dieses Sein, diese Wirklichkeit – muß man das noch sagen? –, die ungeordnete Masse sinnlich wahrnehmbarer Gegenstände, die das gemeine Volk (und die Sophisten) mit diesem Namen bezeichnen. Das gewöhnliche, bewegliche, unsichere und vorübergehende Sein ist nicht – oder kaum – das Sein; es ist und zugleich ist es nicht, und genau deshalb ist es nicht und kann es nicht der Gegenstand der Erkenntnis sein, sondern höchstens der der Vorstellung. Nein, das Sein, das wir im Blick haben, ist das feste und unbewegliche Sein des Wesens, das unsere Seele einst betrachtet hat, oder, genauer, wovon sie die Idee, Vision besitzt, deren sie sich jetzt erinnert – oder deren sie sich zumindest erinnern kann – und wovon in der Seele Spuren bleiben, »angeborene« Ideen.

Das Erfassen des Seins in seinem Wesen, in seiner Struktur und seinen Beziehungen (es ist klar, das man das, was ist, nicht begreifen kann, ohne ein solches Erfassen erfolgreich zu vollziehen), oder, was dasselbe ist, Offenbarung und Ausdruck des Seins durch die Rede und in der Wahrheit, das ist für uns Erkenntnis, Vernunft, Logos und die Schritte der Seele, die uns zu diesem Erfassen leiten, sind das, was wir die *Beweisführung* nennen.

Ist das nicht das Ziel, das – auf seinem Gebiet – der Mathematiker Theaitetos anstrebt? Und ist das nicht, auf viel allgemeinere Weise und viel tiefer das, was unser Lehrer Sokrates uns lehrt, wenn er die Kruste des Irrtums und der Vorstellung, die die Seele umgibt und sie von sich selbst trennt, zerbricht und zerstört, um ihr den Weg der Wahrheit, der zum Sein führt, zu öffnen oder wieder zu öffnen?

Das sagten sich ohne Zweifel Eukleides und Terpsion, oder zumindest konnten sie sich das sagen, als sie bei der Lesung des Dialogs *Theaitetos* zuhörten. Das ist es, was sich die Leser dieses erstaunlichen Werkes sagen müssen. Das und vieles andere, was wir ihnen zu sagen überlassen.

Wenn sie dann wieder einmal die sokratischen Dialoge Platons lesen, und das werden sie ohne jeden Zweifel tun, dann werden sie darauf achten, jedesmal den Platz des Leser-Hörers einzunehmen: sie finden dann selbst, das hoffen wir zumindest, eben diese Antworten, die Sokrates sich weigert, ihnen zu geben. Und sie werden zugleich sehen, daß sich daraus eine geschlossene Theorie der Verschiedenheit der natürlichen Haltungen und eine ebenfalls geschlossene Konzeption des philosophischen Lehrens – oder der philosophischen Erziehung – herauslöst (denn Sokrates repräsentiert und verkörpert die Philosophie) als einziges Mittel, diese Haltungen zu unterscheiden, als einziges Mittel auch, die zu entwickeln, die dessen würdig sind, als einziges Mittel daher, die wirkliche, intellektuelle und moralische und mithin politische Elite des Staates herauszulösen und zu bilden.

Das ist ein einigermaßen aktuelles und bedeutendes Problem. Denn weil das antike Griechenland dieses Problem nicht lösen konnte, erlag es unter den Schlägen der makedonischen Barbaren, und es fehlte nicht viel, so wären unsere modernen Staaten ihm in seinem Schicksal gefolgt.

Die Politik

Politik und Philosophie

Daß das politische Problem eine Rolle ersten Ranges im Denken und im Werk Platons spielt, weiß jeder; oder zumindest sollte er es wissen. Das hat aber gar nichts Überraschendes. Eher wäre das Gegenteil erstaunlich. Kein Grieche und vor allem kein Athener konnte – selbst wenn er es gewollt hätte – sich nicht für das politische Leben interessieren;[1] und weniger als irgendeiner zweifellos der junge Aristokrat Platon, Sohn des Ariston, der schon durch seine Geburt für die Ämter und den Dienst des Staates bestimmt war.

Aber man könnte noch weiter gehen. Man könnte sagen, daß das Werk Platons insgesamt von politischer Sorge umfaßt wird; und daß die Probleme, die wir bisher untersucht haben – das Problem des Dialogs, das Problem der philosophischen Lehre als Kriterium und Mittel der Bildung einer Elite – im Grunde nichts als politische Probleme sind. Ist nicht in der Tat das politische Problem, das Problem der Verfassung und der Regierung des Staats ein Problem seiner leitenden Eliten und ihres Ethos, das heißt dieser »politischen Tüchtigkeit«, **politikē aretē,** deren Bedeutung wir im *Menon* und im *Protagoras* gesehen haben?

1 Die Teilnahme am politischen Leben wurde von den Griechen als Privileg des freien Mannes angesehen, als das Besondere, das sie von den Barbaren unterschied – und das sie über diese stellte. Daher hat sich kein Volk je derart mit Politik beschäftigt wie die Griechen, die alle möglichen und denkbaren Typen von Verfassungen verwirklicht – oder probiert – haben und die, damit nicht zufrieden, als einziges unter den Völkern des Altertums, eine politische Philosophie formuliert haben.

Wenn es nun denn so ist – und für Platon ist es so –, dann bilden das philosophische Problem und das politische Problem nur eins.[2]

Wie könnte es übrigens für ihn anders sein, wenn es wahr ist, daß sein ganzes *philosophisches* Leben durch ein eminent *politisches* Ereignis bestimmt worden ist: durch die Verurteilung und den Tod des Sokrates, das Ereignis, das die Energien, die sich sonst vielleicht im Handeln verzehrt hätten, auf das Denken gerichtet hat.

Die Begegnung mit Sokrates hat Platons Seele entflammt und dort das Feuer der Philosophie entzündet; es ist der von Sokrates hervorgerufene Eindruck, es ist die unvergeßliche Erinnerung an Sokrates, die während seines ganzen Lebens die Flamme nährten, die uns heute noch erleuchtet. Und Sokrates, der einzige wirkliche Philosoph, den die Welt je gesehen hat, Sokrates, der Freund der Götter, der beste und weiseste der Menschen, wurde von seinen Mitbürgern zum Tode verurteilt.

War das die Wirkung eines Zufalls? eines Zusammentreffens unglücklicher Umstände? einer politischen Intrige? einer ungeschickten Verteidigung? – ohne Zweifel gab es das alles. Aber Platon wäre ein schlechter Philosoph gewesen, wenn er sich mit dergleichen Erklärungen zufrieden gegeben hätte.

Nein, die Verurteilung des Sokrates war unvermeidlich. Und voller Bedeutung: Sokrates *mußte* sterben, gerade weil er *Philosoph* war. Er mußte sterben, weil es für ihn – für den Philosophen – keinen Platz im Staat gab.

Was also tun, und wie leben? Fliehen? Aber wohin? Es ist überall ähnlich. Sich vom Staat zurückziehen, wo unvermeidlich alles vom Schlechten zum Schlimmeren geht, wo die Lüge, die Eitelkeit und der Flitterkram des falschen Scheins herrschen und die Gerechtigkeit, die Wahrheit und das Gemeinwohl un-

2 Umgekehrt sind auch das politische Problem und das philosophische Problem ebenso eins.

terdrücken? ihm fremd werden? sich in das Privatleben zurückziehen, zum Studium und zur Kontemplation? Das ist eine mögliche Lösung des Problems, es ist sogar die klassische Lösung, die – unter verschiedenen Formen zweifellos – die Epikureer und die Stoiker wählten; es ist die Lösung, die Aristoteles wählen wird. Und Platon selbst zeichnet uns in einer berühmten Passage des *Theaitetos* das Bild des Philosophen, »der nicht einmal den Weg auf den Markt weiß, noch wo das Gerichtshaus, noch wo das Versammlungshaus des Rates ist, noch wo irgendeine andere Staatsgewalt ihre Sitzung hält. Gesetze aber und Volksbeschlüsse, geschriebene oder ungeschriebene, sehen sie weder noch hören sie. Das Bewerben der Bruderschaften um die obrigkeitlichen Ämter und die beratschlagenden Zusammenkünfte und die Feste mit Flötenspielerinnen, dergleichen zu besuchen fällt ihnen auch im Traume nicht ein. Ob ferner jemand edel oder unedel geboren ist in der Stadt, oder was einem von seinen Vorfahren her Übles anhängt von väterlicher oder mütterlicher Seite;[3] davon weiß er weniger, wie man sagt, als wieviel Sand es am Meere gibt. Und von dem allen weiß er nicht einmal, daß er es nicht weiß. Denn er enthält sich dessen nicht etwa, um sich einen Ruf damit zu machen, sondern in der Tat wohnt nur sein Körper im Staate und hält sich darin auf; seine Seele aber, dieses alles für gering haltend und für nichtig, schweift verachtend, wie Pindar sagt, überall umher, was auf der Erde und was in ihren Tiefen ist messend, und am Himmel die Sterne verteilend, und überall jegliche Natur alles dessen, was ist, im ganzen erforschend, zu nichts aber von dem, was in der Nähe ist, sich herablassend.«[4]

Der Philosoph, der dem Staat fremd ist, jedem irdischen Staat, Bürger eines Reichs des Geistes, Bürger des Kosmos: das ist,

3 Das ist zweifellos eine Anspielung auf Perikles.

4 Das klassische Bild des Philosophen ist das des Thales, der die Sterne erforscht und in den Brunnen fällt.

wir haben es gesagt, eine mögliche Lösung. Vielleicht die einzig mögliche, wenn man mit Herodot zugesteht, daß der menschliche Staat seinem Wesen nach schlecht und ungerecht ist, und daß alle die Formen, unter denen er sich uns darstellt, Monarchie, Aristokratie und Demokratie nur ein und dieselbe Realität verdecken, die Realität der despotischen Macht. Das ist jedenfalls keine vollkommene Lösung. Denn das volle und ganze menschliche Leben – davon ist Platon tief überzeugt – ist außerhalb des Staates unmöglich. Ein Gott vermag sich ungestraft zu isolieren; ein Tier auch. Aber nicht ein Mensch, selbst wenn er ein Philosoph ist.[5]

Liegt nicht darin übrigens die Lektion des Sokrates, der sich nie vom Staat trennen wollte – von seinem Staat –, sein Gesetz nicht zu übertreten, selbst das ungerechte Gesetz, das ihn verurteilt hatte, oder zu fliehen, um sich der Strafe zu entziehen?

Also noch einmal, was tut man, wenn man weder im Staat leben noch sich daraus zurückziehen kann? Es gibt nur ein einziges Mittel, um dem Dilemma zu entkommen: man muß den Staat reformieren. Das ist ein Glück sowohl für den Staat selbst wie für den Philosophen. Denn der Staat, der einen Sokrates verurteilt, ist ein schlechter und kranker Staat; er verurteilt ihn, weil er, selbst ungerecht, den Gerechten nicht in sich dulden kann; weil er, selbst unwissend, in seinen Mauern einen Menschen nicht dulden kann, der Erkenntnis besitzt; und der gerade ihm selbst die eigene Unwissenheit und Ungerechtigkeit zeigt.

Aber wer kann den ungerechten und unwissenden – ungerechten, weil unwissenden – Staat reformieren, wenn es nicht

5 Daher kann der Philosoph auch nur in dem vollkommenen Gemeinwesen das werden, was er sein soll, das heißt ein Weiser. Solange er in einem unvollkommenen Gemeinwesen lebt, in unseren von Menschen gemachten Staaten, wird er stets nur ein Philosoph sein, das heißt einer, der die Weisheit erstrebt, ohne sie je zu erreichen und völlig zu besitzen.

der ist, der *weiß*, mit anderen Worten: der Philosoph? Das Wissen jedenfalls – das Beispiel des Sokrates beweist es – reicht nicht aus. Man braucht auch die Macht.

Deshalb ist die Lösung des Problems, das der Tod des Sokrates stellte, sehr einfach, obwohl nach Platons eigener Auffassung, ziemlich paradox; der Philosoph hat keinen Platz im Staat, wenn nicht den als dessen Oberhaupt. Oder, wie Platon selbst sagen wird, damit das menschliche Leben möglich sei, ein Leben, das gelebt zu werden würdig ist, müssen die Philosophen Könige werden oder – was beinahe auf das gleiche hinausläuft – die Könige Philosophen.

Die Macht den Philosophen-Königen … Ist diese Idee Platons am Ende wirklich so paradox und befremdlich? Ist es nicht im Gegenteil ganz natürlich oder zumindest ganz vernünftig, die Macht dem anzuvertrauen, der zwischen Gutem und Schlechtem, zwischen Wahrheit und Irrtum, zwischen der Wirklichkeit und dem falschen Schein unterscheiden kann? – lieber dem der weiß, ob es gut ist oder nicht, Arsenale zu bauen und Schiffe vom Stapel laufen zu lassen, als dem der es nicht weiß, lieber dem Philosophen als dem Strategen, dem Bankier oder dem Demagogen? Ist es nicht vernünftig, ihn auch – das ist so wichtig – die Erziehung der Jugend, die Auswahl und Bildung einer Elite und die Auswahl und die Arbeit mit den künftigen Leitern der Stadt leiten zu lassen als alles das ohne Plan, ohne Methode und ohne Prinzipien dem Zufall zu überlassen? Hat das Wissen weniger Recht, seinen Einfluß auf die Leitung der Politik auszuüben als die Tapferkeit, der Reichtum oder das Redetalent? oder gar nur die Geburt und die Überlieferung? Im Grunde ist es nicht Platons Auffassung, die paradox ist; paradox ist die Tatsache, daß sie uns so scheint.

Der Gedanke, daß der Philosoph das Haupt oder der König des Staats sein soll, bildet die Grundlage der *Politeia* (*Der Staat*). Dort erscheint auch zum erstenmal der Begriff. Aber es ist offensichtlich, daß diese Konzeption schon seit langem, vielleicht seit dem Tod des Sokrates, einen integrierenden Bestandteil des platonischen Denkens bildet. Was ist denn nun tatsächlich dieser wahrhafte Staatsmann, der die politische Erkenntnis besitzt und folglich in der Lage ist, sie zu lehren und sie somit an seine Nachfolger weiterzugeben, dessen Gestalt uns der *Menon* ahnen läßt, wenn es nicht ein Philosophen-König ist oder doch der »Politiker«, von dem uns der Dialog dieses Namens, *Politikos*, spricht. Und was ist diese »königliche« Erkenntnis, wenn es nicht die Erkenntnis des Guten und des Schlechten, des Gerechten und des Ungerechten ist, das heißt der Philosophie?

Platon spricht ebenfalls seit dem *Menon* und vor allem seit dem *Gorgias* als Antwort auf den Angriff des Kallikles, der die Philosophie auf die Rolle eines Elements in der Jugendbildung begrenzt und dem Philosophen rät, sich jeder politischen Handlung zu enthalten, für die er durchaus unfähig sei, eine radikale Verurteilung aller athenischen Staatsmänner aus und setzt ihnen Sokrates entgegen, den einzigen »Politiker«, der dieses Namens würdig ist.

In der Tat lobt man Perikles, weil er die Macht Athens auf den Gipfel gebracht hat, seinen Staatsschatz mit Geld und seine Arsenale mit Schiffen gefüllt hat. Aber hat all das der Stadt zum Guten oder zum Schlechten verholfen? Hat er Athen glücklicher und, vor allem, hat er es besser hinterlassen, als er es vorgefunden hat? Die Frage ist vollständig ausformuliert, und die Antwort läßt keinen Zweifel.

Wenn es vergleichsweise einfach ist zu sehen, daß der Staat reformiert werden muß und daß dem Philosophen diese Arbeit zukommt, so ist es, wie man sich leicht klar macht, sehr viel schwieriger, diesen Plan zu verwirklichen.[6] Es ist möglich, daß

6 Man könnte sagen, daß hier das Paradox liegt: um das Gemeinwesen zu reformieren, müßten die Philosophen mit Macht versehen sein, was in den nicht reformierten Gemeinwesen nie der Fall sein würde.

Platon in seiner Jugend glaubte, durch direkte und unmittelbare politische Aktion handeln zu können. Leider mußte er zurückstecken. Das Übel lag zu tief. Die Korruption war zu weit fortgeschritten. Man konnte nicht auf Menschen wirken, die schon durch den ungerechten Staat und durch die Erziehung, die sie dort erhalten hatten, verdorben waren.[7] Man mußte früher beginnen. Die Reform des Staates – eine politische und moralische Reform, wohlverstanden, denn für Platon läßt sich die Moral nicht von der Politik trennen – bedeutet, daß man vorher die Erziehung reformieren muß. Ehe man den Staat reformiert, muß man damit beginnen, seine künftigen Bürger zu bilden. Und vor allem, seine künftigen Führungskräfte. Nun, um das tun zu können, muß man zunächst beweisen – oder aufzeigen –, daß die philosophische Bildung besser ist als jede andere, und daß dem Philosophen die Pflicht und das Recht zukommt, die Jugend zu unterrichten, die Eliten zu bilden und zu erziehen.

Damit beschäftigen sich – neben vielem anderen – die sokratischen Dialoge Platons.

Lesen wir zum Beispiel den *Euthyphron*, den *Laches* und den *Charmides*. Der *Euthyphron* stellt uns einen Priester von vorbildlicher Frömmigkeit dar, einer so starken Frömmigkeit, daß er nicht davor zurückschreckt, Anklage wegen eines Kapitalverbrechens gegen seinen eignen Vater zu erheben, der schuldig ist, im Tempelbezirk den Tod eines Sklaven verursacht zu haben, der selbst einen Mord begangen hatte und deshalb ergriffen und gebunden dort liegengelassen wurde; schuldig dadurch den geheiligten Raum des Gottes befleckt zu haben, dem Euthyphron dient. Auf die doch naheliegende Frage des Sokrates, ob seinen eignen Vater auszuliefern oder sogar anzuklagen, nicht eine unfromme Handlung allerersten Ranges sei, weiß Euthyphron nicht recht zu antworten. Und das, weil er offen-

7 Vgl. Platons Siebenten Brief.

sichtlich – zumindest für den Leser, wenn nicht für sich selbst – völlig die Natur oder, besser, das Wesen der Frömmigkeit verkennt. Die Frömmigkeit ist das, was den Göttern gefällt. Aber was gefällt den Göttern? Und was muß man im Fall eines Pflichtenkonflikts wählen? – Euthyphron weiß das nicht; er hat sich niemals diesem Problem gestellt. Sokrates' Frage: gefällt das fromme Werk den Göttern, weil es fromm ist, oder ist es, im Gegenteil, fromm, weil es den Göttern gefällt? – verwirrt ihn.[8] Um es genau zu sagen, er versteht sie kaum. Fromm sein heißt, tun was die Götter verlangen; das bedeutet vor allem, *die Opfer darbringen und die Riten vollziehen, die die Religion verlangt.*

Es wird völlig deutlich, daß der fromme Euthyphron – buchstäblich – keine Idee von der Frömmigkeit hat oder, wenn man anders will, daß seine Vorstellung von der Frömmigkeit vollständig leer ist und keinerlei positiven Inhalt hat. Und das aus dem sehr einfachen und schwerwiegenden Grund, daß er mit dem gemeinen Volk die haltlose Vorstellung teilt, die man sich von den Göttern macht. Euthyphron ist ein Anhänger der Tradition, er ist leichtgläubig und ein Frömmler: er glaubt an die Mythen, er glaubt an alles, was uns die Dichter erzählen; er sieht die Religion unter dem Aspekt des *do ut des* (gibst du mir, geb ich dir).

Und der Leser versteht: Euthyphron weiß nichts von der wirklichen Religion, denn er weiß nicht – was Sokrates weiß und lehrt –, daß Gott das Gute, die Gerechtigkeit und die Wahrheit ist.

Der *Laches* führt uns zwei berühmte athenische Feldherren vor, Laches und Nikias, und stellt uns ihre Ansichten über die brennende Frage der Erziehung, die man den Kindern geben soll,

8 Diese Frage hat die mittelalterliche Theologie lebhaft beschäftigt, die davon ebenso verwirrt wurde wie Euthyphron.

dar.[9] Es ist ziemlich natürlich, daß Generäle die Laufbahn des Soldaten jeder anderen vorziehen und daß sie folglich vor allem die kriegerische Erziehung preisen. Es ist ebenfalls natürlich, daß sie aller modernen Erziehung, jeder Erneuerung feindlich gegenüberstehen … selbst all den militärischen Neuerungen, mit denen man ihnen in den Ohren liegt… Ihr Ideal ist natürlich rein traditionell: die militärische Ertüchtigung der guten alten Zeit, die »gute« Kämpfer bildete, die fähig waren, sich tapfer zu schlagen und dem Feind Widerstand zu leisten. Leider wissen die Generäle nicht, was den »guten« Soldaten ausmacht, und sie wissen auch nicht, was seine Tapferkeit bewirkt: sie haben nie darüber nachgedacht. Sie verstehen nicht – obwohl Sokrates es ihnen ausführlich erklärt –, daß die Tapferkeit (**andreia**) eine moralische Qualität ist, die – um bewußt zu sein – eine Erkenntnis voraussetzt; nämlich die Erkenntnis der *wirklichen* Gefahr, dessen, was man vor allem fürchten *muß*, das heißt die Erkenntnis einer Werteskala, die Erkenntnis des Gutes, das höher ist als das Leben, des Gutes, für das man zu sterben bereit ist. Sie sehen nicht – was aber der Leser sieht –, daß die wirkliche Tapferkeit, die etwas anderes ist als die einfache physische Verwegenheit, die Erkenntnis des Guten an sich impliziert und mithin die Philosophie. Und der Leser-Hörer fügt zweifellos in seinem Innersten hinzu: wie schade, daß die Generäle, so ehrenhaft und tapfer sie sind, derart dumm sind! Wie schade, daß sie keine Philosophen sind! Mit ein wenig Philosophie hätte Nikias (der Intelligentere von beiden) wahrscheinlich nicht die sizilische Expedition in die Katastrophe geführt.

Der *Charmides* schließlich stellt uns den jugendlichen Onkel Platons vor, einen bezaubernden jungen Mann mit aller Anmut

9 Die grausame Ironie des Dialogs wird noch betont durch die Wahl der Gesprächspartner, Lysimachos, der Sohn des gerechten Aristides, und Melesias, der Sohn des Thukydides, des Rivalen des Perikles.

des Geistes und des Körpers, umsichtig, bescheiden und vollendet gut erzogen. Charmides ist ein Elitewesen; er verkörpert das Höchste, was die athenische Erziehung erreichen kann. Es fehlt ihm nichts. Nichts, außer einer einzigen Sache, nämlich: die philosophische Bildung. Und das ist eine Lücke von kapitaler Bedeutung.

Charmides ist besonnen und tüchtig... aber er weiß nicht, was die Besonnenheit ist, und was die Tüchtigkeit ist. Und der Leser, der den *Menon* gelesen hat und der die spätere Laufbahn des Charmides kennt, sagt sich: da liegt die Erklärung: eine Tüchtigkeit, die rein gewohnheitsmäßig ist, unbewußt, nicht durch das Denken und die Erkenntnis befestigt... welch ein Unglück, daß eine so glänzende Natur, so reich begabt, nicht durch Sokrates gebildet wurde. Was für einen Menschen – und was für einen Staatsmann – hätte der daraus schaffen können!

Das Problem der Erziehung war zur Zeit Platons ein brennendes Problem. Die alte überlieferte, sehr einfache und sehr grobe Erziehung – Lesen und Schreiben, Gymnastik und Musik –, die in der Dichterlektüre gipfelte und mit der Ephebenzeit und dem Militärdienst abschloß, hatte ihre Zeit offensichtlich hinter sich. Sie entsprach sehr gut den Bedürfnissen der kleinen, halbagrarischen Gemeinde Athen, die sich an die Hügel Attikas klammerte. Sie entsprach überhaupt nicht mehr den Bedürfnissen eines Athen, das eine Großmacht zur See, der Mittelpunkt eines weiten Reiches und das Handels- und Finanzzentrum der griechischen Welt geworden war, eines Athen, dessen Flotten die Meere bis nach Spanien und zur Krim durchzogen. Aber die neue Erziehung, die der Sophist oder Rhetoriker der athenischen Jugend anbot, war kaum besser. Oder, genauer, zumindest aus Platons Sicht, taugte sie noch weniger. Denn wenn die erstere ziemlich schlichte, ungebildete und grobe Wesen bildete – Landedelleute –, so brachte sie doch trotzdem ziemlich anständige Leute hervor. Während die letztere, die Erziehung der Sophisten, ihren Adepten wohl einen überlegenen Unterricht gab, aber glänzende und unmoralische Karrieremacher bildete.

Die sophistische Kritik hatte in der Tat die alten überlieferten Begriffe patriarchalischer Moral von Kopf bis Fuß erschüttert und sogar zerstört; und zwar zerstört, ohne etwas an deren Platz zu setzen. Oder, schlimmer noch, indem sie an die Stelle des alten Ideals der Tapferkeit, der Ehre und der Aufopferung für die Gemeinschaft das Ideal des Genusses, das Ideal der Macht... das Ideal der Tyrannenherrschaft setzte, das der rätselhafte Kallikles im *Gorgias*[10] – viel besser als Nietzsche – so deutlich formulierte.

Kallikles verrät das Geheimnis. Er gesteht, daß die Sophisten lediglich aus »falscher Scham« von Gerechtigkeit und von Tüchtigkeit reden, um sich dem Gebrauch des gemeinen Volkes anzupassen, denn die Menschen nähmen Anstoß, wenn sie es anders machten. Aber in der Tat handelt es sich um reine Wortspielerei: das Gerechte nach dem Gesetz und der Übereinkunft (**nomos**) und das Gerechte und Gute gemäß der Natur (**physis**) haben nichts miteinander gemein... Genauer, sie sind auf das Radikalste entgegengesetzt. Gemäß der Natur, der der Sophist einzig folgt, ist das, was gerecht und gut ist, stark zu sein, siegreich im Kampf um das Leben, diesem Kampf, der das Gesetz allen Daseins ist, es bedeutet – um die Wörter der großen Menge zu benutzen – Unrecht begehen und es nicht erleiden, es bedeutet der Herr zu sein, zu herrschen. Platz den Starken! verkündet Kallikles: »Das Schöne und das Gerechte gemäß der Natur, das ist ganz das Gegenteil der Besonnenheit, von der Sokrates spricht; es bedeutet, in sich selbst die stärksten Leiden-

10 Leider wissen wir nichts über Kallikles. Wir wissen nicht einmal, ob er eine wirkliche Person oder (was wahrscheinlicher ist) ein Geschöpf aus Platons Phantasie als Gegensatz des Sokrates oder, wenn man will, ein Bild Platons selbst ist, dessen, was Platon ohne Sokrates gewesen wäre.

schaften zu unterhalten und nicht etwa, sie zu unterdrücken, und diesen Leidenschaften, wie stark sie auch seien, … durch seine Tapferkeit und seine Intelligenz Befriedigung zu verschaffen, indem man ihnen alles bietet, was sie verlangen.«[11]

»Nun, all das ist nichts für jedermanns Gebrauch; daher kommt es, daß die Menge diejenigen tadelt, die sie nicht nachahmen kann und sich dafür schämt, in der Hoffnung, so die eigene Schwäche verbergen zu können; sie erklärt, daß Maßlosigkeit schändlich sei und macht sich daran… die von Natur aus besser Begabten zu unterwerfen, und, da sie sie ihren eigenen Leidenschaften selbst keine völlige Befriedigung verschaffen kann, so rühmt sie die Mäßigung und die Gerechtigkeit wegen ihrer eigenen Feigheit. Wenn ein Mann tatsächlich als Sohn eines Königs geboren wird oder in sich selbst die nötige Kraft findet, um eine Herrschaft zu erobern, eine Tyrannis oder eine höchste Macht, was könnte es in Wahrheit Schändlicheres und Verderblicheres für einen solchen Mann geben als eine weise Mäßigung? Wenn man alle Güter genießen kann, ohne daß jemand einen daran hindert, setzte man sich wohl zum Herren seiner selbst das Gesetz der Menge, ihre Reden und ihren Tadel? Und wie sollte dieser Mann nicht unglücklich sein durch die Moral gemäß der Gerechtigkeit und der Mäßigung, wenn er seinen Freunden nicht mehr geben könnte als seinen Feinden, und das im eigenen Staat, wo er der Herr wäre?«

»Die Wahrheit, Sokrates, die du zu suchen behauptest, liegt darin: das leichte Leben, die Maßlosigkeit und die Leidenschaft bilden, wenn sie begünstigt werden, die Tüchtigkeit und das Glück; und der Rest, alle diese Phantasmagorien, die auf den der Natur entgegengesetzten Konventionen beruhen, sind nur dumm und nichtig.«

Wir brauchen darauf nicht zu insistieren: es ist leicht zu verstehen, daß die Propaganda dieser »heroischen« Moral im

11 Intensiv leben, »gefährlich leben«, das ist das Ideal des Kallikles.

Athen des 5. vorchristlichen Jahrhunderts ebensoviel Erfolg hatte wie in Europa am Ende des 19. Jahrhunderts unserer Zeit: es schmeichelt ja so sehr, sich als höheres Wesen, als »Herr«, als »Held« und als »Königssohn« aufzuspielen.

Um die Wahrheit zu sagen, so sind die Sophisten nicht die einzigen und nicht einmal die Hauptverantwortlichen für diesen Verlust der alten Werte. Der Peloponnesische Krieg, der Griechenland entvölkert und ruiniert hat, ein Krieg, der die Seemacht der athenischen Demokratie und die militärische Macht der spartanischen Timokratie gegeneinander brachte, ein ideologischer und sozialer ebenso wie nationaler Krieg, hatte seine unheilvolle Rolle dabei gespielt. Durch den Krieg dezimiert und durch die Revolutionen, die ihn begleiteten und auf ihn folgten, erschüttert, war Griechenland reif geworden für eine Zeit der Tyrannenherrschaften.

Platon zieht dem Immoralismus seiner Zeit offensichtlich die traditionelle, aristokratische Moral der Vergangenheit vor, diese Moral der Frömmigkeit, der Tapferkeit und der Aufopferung für die Gemeinschaft, von der wir schon gesprochen haben. Aber täuschen wir uns nicht. Bilden wir uns nicht ein – man hat das manchmal getan – Platon sei ein unverbesserlicher Reaktionär. Niemand hat stärker als er auf der Tatsache insistiert, daß das Heil nicht in einer Rückkehr zu Früherem liegt – und liegen kann. Niemand hat stärker als er die traditionelle Erziehung verurteilt. Niemand hat insgesamt mehr als er den Sophisten Recht gegeben.

Wenn die sophistische Erziehung wirklich nichts taugte, wenn sie unheilvoll war, weil sie der Jugend ein falsches Ideal des Lebens vorsetzte, so taugte die alte Erziehung auch nicht viel, gerade weil sie ihr Ideal nicht zu verteidigen vermochte, und weil die Werte, die sie verkörperte und eintrichterte, trotzdem nicht bewußt und »durch Überlegung befestigt« waren. Und das kam daher, weil ihr Ideal, das eines Anytos zum Beispiel, ebenfalls ein falsches Ideal war; oder zumindest ein unreines Ideal: im Grunde war das gemeine Volk ebenso wie der Verteidiger der guten alten Zeit[12] mit dem Sophisten einverstanden. Sie blieben nur auf halbem Wege stehen. Deshalb gerade boten die traditionellen Auffassungen der negativen Kritik des Sophisten keinen Widerstand; und noch weniger der positiven Kritik des Sokrates.

Die Kritik der Sophistik – des Dorns im Auge Platons – füllt die Hälfte seines Werks. Der Sophist ist für ihn der Mann, der die Technik – und die Moral – des Erfolgs, des Genusses und der Selbstbehauptung lehrt; der die tief verbundenen Begriffe der Wahrheit und des objektiven Guten leugnet. Der sophistische Unterricht bildet den öffentlichen Redner aus, diese Fälschung des wahrhaften Staatsmanns, das heißt den Mann, der fähig ist, die Menge durch Argumente mitzureißen, die nicht auf Erkenntnis gegründet sind – wie sollte er es auch tun? er weiß nichts, verspottet die Erkenntnis und bestreitet ihre Existenz –, sondern auf die Wahrscheinlichkeit und die Leidenschaft; der öffentliche Redner – der Politiker – ist der Mann der Täuschung, die das Gegenteil der Wirklichkeit ist, der Mann der Lüge, die das Gegenteil der Wahrheit ist.

Der Sophist ist die Fälschung des wahren Philosophen, wie der Tyrann die Fälschung des wahren Staatschefs ist. Mehr noch: die Tyrannenherrschaft und die Sophistik hängen zusammen, wie es ihrerseits die Philosophie und die Herrschaft der Gerechtigkeit im Staat tun.

Anscheinend versteht man nichts von der politischen Haltung Platons, wenn man nicht sieht, wie er am Horizont im Schatten des Morgen das häßliche Gespenst der Tyrannenherrschaft erspäht. Man versteht zweifellos auch seine *philosophische* Haltung falsch, wenn man sich nicht von der Tatsache Rechenschaft ablegt, daß für ihn Tyrannenherrschaft und So-

12 Siehe oben, S. 22 ff.

phistik zusammengehören: und daß der Sophist es ist, der dem Tyrannen den Weg bereitet.[13]

Nun wird nirgendwo im gesamten Werk Platons (selbst nicht im *Gorgias*) diese Zusammengehörigkeit mit soviel Kraft behauptet wie in der Rede des Sophisten Thrasymachos[14] in der Politeia, der mit aller wünschenswerten Deutlichkeit den Gegensatz zwischen Sokrates und der Sophistik darstellt. Thrasymachos, der dem einführenden Gespräch des Sokrates mit Kephalos, einem reichen, in Athen angesiedelten Fremden und dessen Sohn Polemarchos über den Sinn und den Wert der Gerechtigkeit beigewohnt hat,[15] hat genug – und schon lange – von dieser akademischen Diskussion, bei der die Gesprächspartner nur mit gepolsterten Degen kämpfen und sich gegenseitig höflich Zugeständnisse machen.[16] Thrasymachos vermißt dabei den nötigen Ernst. Und sogar die Ehrlichkeit. Denn er weiß genau, worauf Sokrates hinaus will: auf die schließliche Identifikation der Gerechtigkeit, wie aller Tüchtigkeit, mit der »Güte«, das heißt der Besonnenheit und der Gesundheit der Seele; und mehr noch als seine Methode dialektischer Analyse verachtet er seine Ideen, seinen Intellektualismus und seinen

13 Es sind stets die Sophisten, die die Moral oder Anti-Moral des Erfolgs um jeden Preis, der unbegrenzten Lust und der Ausdehnung des Ich lehren.

14 Thrasymachos, den Platon uns in der *Politeia* als Gegner des Sokrates darstellt, ist eine wirkliche Person.

15 In dieser Diskussion, die eine Einleitung zur *Politeia* bildet, eine an sich sehr interessante Einleitung, deren Analyse uns aber zu weit führen würde, stellt Kephalos eine »bürgerliche« Auffassung der Gerechtigkeit dar, und sein Sohn Polemarchos verteidigt sie: jedem das Seine zu geben, nicht zu lügen, keinem etwas zu schulden, weder den Menschen Geld noch den Göttern Opfer. Kephalos ist ein Gerechter nach der gewöhnlichen Auffassung, die vor dem philosophischen Begriff liegt, und deren Nichtigkeit Sokrates mit Leichtigkeit beweist.

16 Sokrates behandelt den Kephalos mit viel Rücksicht: das ist ein braver Mann, und es ist nicht sein Fehler, wenn er nichts von der Philosophie versteht.

Moralismus, die ihm kindisch erscheinen. Gerechtigkeit, Tugend... Wörter, und zwar betrügerische Wörter. Im wirklichen Leben gibt es Starke und Schwache, Herren und Sklaven, die, die befehlen, und die, die gehorchen. Das ist die Wahrheit, und alles andere ist Geschwätz. Deshalb schlägt er vor, diese abgeschmackte Diskussion zu beenden, indem er von der Gerechtigkeit eine Definition gibt, die sehr verschieden ist von all denen, die Sokrates jemals vorgeschlagen hat.

Wie lautet denn nun diese Definition, die Thrasymachos uns mit so viel Lärm angekündigt hat? Sie ist sehr einfach: die Gerechtigkeit, sagt er uns, ist der Vorteil des Stärkeren.

Die Position des Thrasymachos ist, wie man leicht sieht, der des Kallikles sehr nahe (ohne mit ihr identisch zu sein) und impliziert eine Lehre von der Moral, der Gesellschaft und dem Staat, die, obwohl sie älter als zwanzig Jahrhunderte ist, im 19. Jahrhundert einigen Lärm verursacht hat und ihn im 20. Jahrhundert immer noch macht. Die Lehre, die uns der Sophist vorschlägt, besteht in der Annahme, der Staat sei nichts anderes als eine organisierte Unterdrückung; organisiert, wohlverstanden, zugunsten des Unterdrückers und durch dessen Gewalt aufrechterhalten; und das Gesetz und folglich die Gerechtigkeit und die Moral sind nichts anderes als der konventionelle Ausdruck der wirklichen Beziehungen von Herrschaft und Knechtschaft innerhalb des Gemeinwesens.

»Weißt du denn nicht«, sagt Thrasymachos zu Sokrates, »daß unter den Gemeinwesen die einen tyrannisch sind, andere demokratisch und andere aristokratisch?« – Unterschiede der Struktur, die wesentlich erscheinen könnten, die es aber in Wirklichkeit keineswegs sind, denn alle verschleiern eine und dieselbe fundamentale Situation, die Tatsache, daß »in jedem Gemeinwesen das stärkste Element die Herrschaft ist«. – »Nun gibt jede Herrschaft die Gesetze, die ihr nützen: die Demokratie demokratische, die Tyrannis tyrannische und die anderen desgleichen; haben sie die Gesetze erlassen, so erklären sie ihren eigenen Vorteil als für die Beherrschten gerecht und bestrafen den, der sie überschreitet, als Gesetzesbrecher und als des Unrechts schuldig. Denn das behaupte ich, mein Lieber: in allen Gemeinwesen ist das Gerechte dasselbe: der Vorteil der bestehenden Regierung; nun hat diese die Gewalt inne, woraus für jeden, der richtig denkt, folgt, daß überall das Gerechte dasselbe ist: der Vorteil des Stärkeren.« Es ergibt sich mit aller Evidenz, daß das Ungerechte (den Begriff in der gewöhnlichen Bedeutung genommen) bei weitem dem Gerechten vorzuziehen ist, und daß die Tyrannis das höchste Ideal des Lebens sei.[17]

17 Der Immoralismus oder, wenn man das vorzieht, der Nihilismus des Thrasymachos – ziemlich nahe dem, den Polos im *Gorgias* verteidigt – ist viel radikaler als die Moral der von Kallikles gerühmten Lehrer. In der Tat, während dieser das *Recht* einer mächtigen Individualität zur Ausdehnung und zur Herrschaft behauptet, ein Recht, das für ihn in der Schätzung einer solchen Individualität als »höher« und »besser« begründet ist entsprechend einer auf der »Natur der Dinge« beruhenden Werteskala und von ihm einer durch das Ressentiment der Schwachen (der weniger Guten) pervertierten Skala gesellschaftlicher Werte entgegengesetzt wird, leugnet Thrasymachos rundheraus jeden Begriff von innerem Wert und »Naturrecht«. Für ihn ist jeder Rechtsbegriff nur die heuchlerische Verschleierung der Realität. Kallikles geht nicht so weit. In der Natur gibt es einen beständigen Kampf der Starken und Schwachen: die Starken fressen die Schwachen, wenn diese nicht, indem sie sich organisieren, die Stärkeren werden. Aber es ist lächerlich, vom »höheren Recht« der Stärkeren zu sprechen; ebenso wie von dem der Schwächeren. »Die Wölfe fressen die Schafe«, und diese verteidigen sich, wenn sie können. Das ist alles. Weder die einen noch die anderen haben das »Recht« für sich.
Die Menschen sprechen zweifellos von »Rechten«: reine Heuchelei, geschickte Verkleidung der Beziehungen der Stärke, die allein diesen vorgeblichen Rechten einen Inhalt geben. Die Rolle des Sophisten (Thrasymachos würde vielleicht sagen, des Philosophen) besteht gerade darin, durch seine Analyse und seine Kritik die von der gesellschaftlichen Heuchelei aufrechterhaltenen Illusionen zu zerstören; den Menschen über sich selbst aufzuklären, ihn von »Ideologien« zu befreien.

Wenn in der Tat das Leben nur ein Kampf ist, so ist es klar, daß der »gerechte« Mensch – den man eher schwach im Geiste nennen müßte – immer unterliegt. Und wenn es die organisierte Gewalt ist, die das Wesen des Staats ausmacht, und wenn der nichts anderes ist als ein System der Unterdrückung und der Ausbeutung der Schwachen durch die Starken, so ist es völlig klar, daß die Tyrannis als die extremste Form des »Ungerechten« am besten den vollkommenen Staat und das Glück des Menschen verwirklicht; zumindest desjenigen, der die Tyrannis ausübt.

Ohne Zweifel kommen die gesellschaftliche Heuchelei, das Ressentiment und die Furcht der Schwachen, der Masse, darin überein, die Gewalt des Starken zu verurteilen, die sie ganz richtig »Ungerechtigkeit« nennen. Aber im Grunde weiß jeder, daß die »Ungerechtigkeit« vorteilhafter ist als die »Gerechtigkeit«, und folglich wäre jeder »ungerecht«, wenn er nicht aus Furcht vor Strafe davor zurückschrecken würde. Das wird am deutlichsten, »wenn man sich an die vollendetste Ungerechtigkeit hält, welche den, der Unrecht tut, zum Glücklichsten macht, die aber das Unrecht erlitten haben und es ihrerseits nicht begehen wollen, zu den Elendesten. Dieses Unrecht ist die Tyrannis, die sich der Güter der anderen mit List und mit Gewalt bemächtigt: seien sie heilig oder profan, privates Eigentum oder öffentliches Gut, und sie tut es nicht im einzelnen, sondern gleich insgesamt. Für jedes dieser Delikte wird ein Mensch, der sich dabei ertappen läßt, bestraft und mit der schlimmsten Schmach bedeckt: wenn jemand im einzelnen das begeht, so behandelt man diese Leute als Tempelräuber, Seelenverkäufer, Räuber, Betrüger und Diebe, je nach dem Verbrechen. Wenn aber ein Mensch außer dem Vermögen seiner Mitbürger auch noch sie selbst in seine Gewalt bringt und unterwirft, so nennt man ihn, statt mit diesen schändlichen Namen, erfolgreich und vom Glück begünstigt, nicht nur bei seinen Mitbürgern, sondern auch bei allen, die hören, daß er das Unrecht in seinem ganzen Ausmaß begangen hat; denn wer die Ungerechtigkeit tadelt, der fürchtet nicht, sie zu begehen, sondern sie zu erleiden. Auf diese Art, Sokrates, ist die Ungerechtigkeit, im Großen betrieben, stärker und eines freien Mannes und Herren würdiger als die Gerechtigkeit und, wie ich von Anfang an sagte, besteht das Gerechte im Vorteil des Stärkeren, und das Ungerechte ist jedem sein Vorteil und Gewinn.«[18]

Die Position des Thrasymachos predigt offen und zynisch den über-nietzscheanischen Egoismus und den absoluten Immoralismus und ist damit ziemlich stark. Selbst in der Darstellung, die Platon davon gibt, spürt man die Anziehungskraft, die sie auf die Seele der glühenden Jugend ausüben muß, auf die Seele seiner Brüder Adeimantes und Glaukon, die mit Polemarchos der Unterredung beiwohnen.

Das sagen sie uns übrigens selbst. Niemand glaubt an die Gerechtigkeit, sagt uns Glaukon, der uns als gängige Lehre die sophistische These der Gerechtigkeit als gesellschaftlicher Heuchelei darstellt und uns eine – fast Hobbessche – Theorie der auf einen Gesellschaftsvertrag gegründeten menschlichen Gesellschaft skizziert.

In ihrem Naturzustand, so erläutert uns Glaukon, werden die Menschen von einer grenzenlosen Gier nach Genuß getrieben, sie sind also von Natur aus so angelegt, daß sie ihren Vorteil suchen und folglich zum Schaden der anderen Unrecht begehen, es aber selbst nicht dulden wollen. Sie bemerken aber in der Tat sehr schnell, daß sie sehr viel mehr Chancen haben, Un-

18 Thrasymachos glaubt mit dem gemeinen Volk (und einer gewissen Anzahl antiker und moderner Philosophen – oder genauer, Sophisten), daß die Quantität die Qualität verändert. Der Seeräuber, der die Meere unsicher macht, aber im Kleinen vorgeht, wird gehängt. Aber Alexander, der die Erde unsicher macht, indem er im Großen vorgeht, wird vergöttlicht. Moderne und zeitgenössische Beispiele brauchen nicht zitiert zu werden.

recht zu erleiden als zu begehen: deshalb schließen sie einen Vertrag, worin sie sich unter der Androhung der schwersten Strafen verpflichten, kein Unrecht zu begehen (um es nicht erleiden zu müssen). Nun wird die menschliche Natur durch diesen Vertrag keineswegs verändert oder modifiziert: im Grunde ihrer selbst ziehen alle Menschen das Unrecht der Gerechtigkeit vor; und wenn sie nicht Furcht vor Strafe hätten, wenn sie sicher wären, ungestraft Unrecht tun zu können, wenn sie zum Beispiel den Ring des Gyges besäßen, der sie unsichtbar macht, so würden sich alle wie die schlimmsten Verbrecher aufführen.

Zweifellos gibt das niemand zu, denn niemand möchte in den Augen der anderen als ungerecht gelten: das ist zu gefährlich, und jedermann lobt heuchlerisch die Gerechtigkeit, indem er sich selbst betrügt oder zumindest versucht, die anderen zu betrügen und so die Vorteile zu genießen, die das Ansehen der Gerechtigkeit verleiht, ohne darum – ganz im Gegenteil – darauf zu verzichten, bei jeder sich bietenden Gelegenheit Unrecht zu begehen. Kurz gesagt ist also niemand freiwillig gerecht,[19] und jeder »Gerechte« ist nur in der Öffentlichkeit gerecht und insgeheim ungerecht.

So, meint Glaukon, spiele es sich in der Welt ab. Der Ungerechte ist es – der es allerdings nicht offen ist, sondern heuchlerisch gerecht *scheint* –, der das Glück und die Ehren erhält, während der Gerechte, das heißt der Mensch, der es wirklich ist (ohne es zu scheinen), allen Übeln ausgesetzt ist, als überführter Verbrecher behandelt und schließlich zum Tode verurteilt wird.[20] Damit ist klar, daß der vernünftige Mensch stets das Unrechte der Gerechtigkeit vorziehen wird.

Das ist nicht alles. Man muß hinzufügen, bemerkt Adeiman-

19 Bekanntlich ist für Sokrates wie für Platon im Gegenteil niemand absichtlich ungerecht oder handelt absichtlich schlecht. Die Ungerechtigkeit ist stets eine Folge des Irrtums.

20 Die Anspielung auf das Schicksal des Sokrates ist deutlich.

tes, daß, im Gegenteil zu dem, was Sokrates zu glauben scheint, niemand die Gerechtigkeit um ihrer selbst willen begehrt und daß niemand sie als ein Gut betrachtet. Im Gegenteil stimmt jedermann darin überein, daß sie wohl lobenswert und sogar hier auf der Erde und zweifellos im Jenseits vorteilhaft ist, aber doch hart und mühsam. Deshalb sucht man die Kinder – und die Erwachsenen – zur Tugend und zur Gerechtigkeit anzuspornen, nicht indem man ihnen zeigt, daß es an sich begehrenswerte Sachen sind, sondern indem man den Gerechten und Tüchtigen jede Art von Belohnung verspricht und indem man den Ungerechten Strafen und Züchtigungen sowohl in diesem Leben wie in jenem androht. Es ist offensichtlich, daß sogar die guten Menschen nicht an die Anziehungskraft der Tüchtigkeit und der Gerechtigkeit glauben; es ist klar, daß sie die Versprechungen und Drohungen, das heißt die Hoffnung auf ein künftiges Wohl und die Furcht vor einem künftigen Übel für die einzigen Mittel halten, um die Menschen die Gerechtigkeit akzeptieren zu lassen.

Das ist nicht die eigene Meinung des Adeimantes und auch nicht die des Glaukon, aber man muß sich völlig darüber klar werden: es ist die des gesunden Menschenverstands, die der großen Mehrheit, wenn es nicht die der Gesamtheit der Menschen ist. Wenn Sokrates also wirklich den Sieg über die Sophistik und ihren Wortführer Thrasymachos davontragen will, dann muß er zeigen, daß die Gerechtigkeit an sich gut und begehrenswert ist, und um das zu tun, muß er uns sagen, was sie ist.

Die Gerechtigkeit definieren. Und also auch die Tüchtigkeit, die Tapferkeit, die Ehre. Eine Werteskala errichten, die unser Verhalten bestimmen soll. Das Wesen des Guten und des Seins begründen oder vielmehr zeigen. Denn all das impliziert einander. Adeimantes fordert uns also dazu auf, Philosophie zu betreiben. Da hat er gewiß Recht. Denn – wir haben es bereits mehrfach gesehen – von der Philosophie und durch die Philosophie allein kann das Heil kommen.

Nun ist die Philosophie eine ernsthafte (und sogar, wie wir sehen werden, eine gefährliche) Angelegenheit. Sie setzt Arbeit, Disziplin und Anstrengung voraus; eine fortgesetzte und beständige Anstrengung. Sie setzt besondere Naturen voraus, für die sie gleichzeitig Bildung und Prüfung ist.

Philosophie betreiben, besondere Naturen suchen und formen, das dauert zweifellos lange. Es ist schwierig, und sogar, wir wissen es nur zu genau, zufällig. Aber das ist der Weg, den uns Sokrates gezeigt hat. Das ist das Werk, das er uns sterbend übertragen hat. Und um dieses Werk aufzunehmen – indem er es modifiziert und vervollständigt[21] –, um durch eine harte und strenge wissenschaftliche und philosophische Disziplin diese intellektuelle und moralische Elite zu bilden, die eines Tages den Staat reformieren und retten kann, entscheidet sich Platon, sich ans Werk zu machen, eine »Schule« zu eröffnen, die Akademie, die man zu Recht die erste Universität der Welt genannt hat. Dort nimmt Platon sich vor, seine Mannschaft zu bilden und den günstigen Augenblick zu erwarten, da man zum Handeln schreiten kann.

Eines schönen Tages glaubt er, die Stunde sei gekommen. Ein junger Fürst, Dion, Neffe und Schwager des Herrn von Syrakus, Dionysios I., erweist sich als begabt und als von außergewöhnlicher Art. Dion auf dem Thron, Dion bereit zu einem Experiment … wer weiß? Vielleicht könnte man in Syrakus etwas weit Besseres zustande bringen als das, was den Pythagoreern in Tarent gelungen ist …[22]

21 Sokrates – das war sein Irrtum – wendete sich ans Volk, an jedermann, an die Masse. Platon wendet sich an eine Elite, und diese Elite versucht er durch wissenschaftliche Disziplin zu formen, was Sokrates zu tun vernachlässigt hat.

Das Abenteuer in Syrakus geht schlecht aus. Der kurze Weg erweist sich als ungangbar; es gibt in der Politik ebensowenig einen Königsweg wie in der Wissenschaft. Aber Platon läßt sich nicht entmutigen. Man versucht es auf dem längeren Weg. Man reformiert die Mannschaft. Man hält sich bereit. Und zum Vergnügen macht man, wenn nicht einen Entwurf zum unmittelbaren Handeln, zumindest ein Modell, einen Aufriß des vollkommenen Staats, des gerechten Staats, des Aufenthalts des gerechten Menschen. Er leitet das künftige Handeln; er erlaubt *uns* vor allem, den wirklichen Staat, den ungerechten Staat, in dem bis zu einer neuen Ordnung der Philosoph zu leben und zu handeln genötigt ist, zu verstehen und zu beurteilen.

Er erlaubt uns auch, unser Ideal des Menschen zu formulieren, des gerechten und gesunden Menschen, dem wir im Leben nachstreben. Denn ob die vollkommene Gemeinschaft sich auf der Erde verwirklicht oder nicht, gewiß »existiert« sie im Himmel – im Himmel der Ideen – und der Philosoph ist jetzt schon einer ihrer Bürger.

22 Der Einfluß des Pythagoreismus auf Platon wurde stets zugestanden. Es ist aber sehr schwierig, ihn zu präzisieren, denn – leider – wissen wir sehr wenig über die authentische Lehre des alten Pythagoreismus.

Das vollkommene Gemeinwesen

Ein Aufriß des gerechten Gemeinwesens wird uns in der *Politeia*[23] geboten, dem unbestritten reichsten (aber nicht umfangreichsten[24]) Werk Platons. Sie enthält alles: eine Moral, eine Politik, eine Metaphysik, eine Abhandlung über die Erziehung, eine Philosophie der Geschichte, einen Traktat der Soziologie...[25]

Die *Politeia* trägt in unseren Ausgaben wie in den Handschriften stets einen Untertitel: *Der Staat* oder *Von der Gerechtigkeit*. Und die alten Kritiker, die Kritiker der römischen Kaiserzeit, die ersten Herausgeber Platons fragten sich ernstlich: was ist der Hauptgegenstand des Buches? wovon handelt es an erster Stelle: von der Gerechtigkeit oder von der Verfassung des Gemeinwesens? ist es moralisch oder politisch?

Das ist unserer Ansicht nach eine völlig müßige Frage; schlimmer noch, sie ist unsinnig. Denn diese Frage setzt im Bewußtsein der Kritiker der römischen Kaiserzeit eine Scheidung zwischen der *Moral* und der *Politik* voraus (was heißen will: zwischen der Politik und der Philosophie), eine Scheidung, die

23 Die Protagonisten des Dialogs sind: Kephalos, ein reicher Ausländer, der in Athen wohnt; sein Sohn und Erbe Polemarchos; dessen Freund, der Sophist Thrasymachos und die beiden Brüder Platons, Adeimantes und Glaukon. Der einführende Teil des Dialogs, Sokrates' Unterhaltung mit Kephalos und Polemarchos, ist von außerordentlicher Feinheit und Kunst.

24 Die *Gesetze* (Nomoi) sind das umfangreichste Werk Platons.

25 Wir stellen hier die *Politeia* nicht dar, sondern entwerfen lediglich eine Einführung in ihre Lektüre.

Platon aus guten Gründen um keinen Preis wollte. Diese Bemerkung impliziert unmittelbar, daß nicht der Staat als solcher der Gegenstand der Untersuchung ist: was auch immer die Kritik und vor allem die deutsche Kritik darüber gesagt hat, Platon ist völlig frei von der Staatsvergötzung, dieser Geißel des modernen Denkens, zumindest eines gewissen modernen Denkens. Was Platon beschäftigt, ist nicht der Staat, sondern der Mensch, es ist nicht das Gemeinwesen als solches, sondern das gerechte Gemeinwesen, das heißt ein Gemeinwesen, worin ein gerechter Mensch – ein Sokrates – leben könnte, ohne die Furcht, zur Verbannung oder zum Tode verurteilt zu werden. Dieses gerechte Gemeinwesen wird Platon vor unseren Augen konstruieren und bei der Konstruktion eine Voraussetzung von kapitaler Bedeutung machen; nämlich die radikale Zurückweisung der Sozialphilosophie der Sophistik, der Sokrates eine Konzeption entgegensetzt, die man – mangels eines besseren Begriffs – als organizistisch bezeichnen könnte.[26]

In der Tat ist das Gemeinwesen keine Ansammlung von Individuen, sondern bildet eine wirkliche Einheit, einen *geistigen* Organismus und durch diese Tatsache bildet sich zwischen seiner Verfassung, seiner Struktur, und der des Menschen eine Analogie, die aus dem ersten einen wirklichen **anthropos** im Großen und aus dem zweiten eine wirkliche **politeia** im Kleinen macht;[27] weil diese Analogie auf einer wechselseitigen Abhängigkeit beruht, ist es unmöglich, den Menschen zu studieren, ohne zugleich das Gemeinwesen zu untersuchen, wovon er einen Teil bildet. Die psychologische Struktur des Individuums

26 Der Begriff »organizistisch« ruft die törichte Analogie – die im 19. Jahrhundert so beliebt war – zwischen der Gesellschaft und einem biologischen Wesen hervor. Es handelt sich um nichts dergleichen bei Platon.

27 Wenn man Neologismen auf Altgriechisch wagen würde, könnte man sagen, das Gemeinwesen sei ein *Makranthropos* und der Mensch eine *Mikropoliteia*.

und die soziale Struktur des Gemeinwesens entsprechen sich auf eine vollkommene Weise oder, modern gesprochen, Sozialpsychologie und Individualpsychologie implizieren sich wechselweise.[28]

Schreiten wir also zur Untersuchung des Gemeinwesens. »Beobachten wir seine Entstehung.« Was soll das heißen? Sollen wir versuchen, durch die Archäologie und die Geschichte den wirklichen Ursprung der menschlichen Gemeinwesen aufzufinden? Keineswegs. Platon hat, wie jeder Rationalist, keine Hochachtung, weder vor der Geschichte noch vor der historischen Wissenschaft (die keine Wissenschaft, sondern Mythos ist). Deshalb haben auch die (glücklicherweise immer selteneren) Kritiker, die ihm seit Aristoteles vorwerfen, die Geschichte nicht zu berücksichtigen und uns eine ungenaue Theorie des historischen Ursprungs des menschlichen Gemeinwesens zu bieten – womit sie unbestreitbar Recht haben –, darin Unrecht, Platons Ziel und Methode nicht zu begreifen. Diese Methode ist konstruktiv und ahmt sehr bewußt die Methoden geometrischer Analyse nach. Die Entstehung des Gemeinwesens, so wie Platon sie uns bietet, ist eine ideale und deshalb irreale Genese. Nahezu so irreal wie die Entstehung einer geometrischen Figur ausgehend von den einfachen (abstrakten) Elementen, aus denen sie zusammengesetzt ist. Diese ideale Entstehung erzählt uns nicht, wie das Dreieck und die Kugelschale zur Welt kamen; und zweifellos glaubt niemand, daß diese wirklich und tatsächlich dadurch entstand, daß eine Kreislinie sich um ihre Achse drehte. Indem er uns die Genese seiner Figuren erklärt, erzählt der Geometer uns nicht ihre Geschichte; er macht etwas anderes und, von seinem Gesichtspunkt aus, sehr viel mehr: er versetzt uns in die Lage, ihre Natur, ihr Wesen und ihre Struktur

28 Es ist sogar nötig, mit einer Untersuchung des Gemeinwesens zu beginnen, die man mit einer Inschrift in großen Lettern vergleichen könnte, während die menschliche Seele in kleinen Lettern geschrieben ist. Wenn man die erste gelesen hat, entziffert man leichter die zweite.

zu *begreifen.* Das ist genau dieselbe Sache, die Platon sich vornimmt: indem er vor unseren Augen das Gemeinwesen erzeugt, indem er es aus einfachen, abstrakten Elementen – dem Menschen – konstruiert, will er uns in die Lage versetzen, dessen Natur zu erfassen[29] und den Platz und die Rolle der Gerechtigkeit im Staat zu entdecken.

Fangen wir also an. »Es entsteht also ein Gemeinwesen, sagt Sokrates, weil jeder einzelne von uns sich selbst nicht genügt, sondern gar vieles bedarf.« Halten wir das fest: am Ursprung des Gemeinwesens befindet sich das Bedürfnis und die Tatsache der gegenseitigen Hilfe. Es ist also nicht die *Furcht,* wie es Hobbes' Theorie des Gesellschaftsvertrags behauptete, die uns Glaukon skizziert hatte, sondern die *Solidarität* ist das erste und tiefste soziale Band.[30]

In unserem Gemeinwesen, worin »die Vielzahl der Bedürfnisse an einem Wohnplatz auch viele Genossen und Gehilfen versammelt«, werden wir zum offensichtlichen Wohl der Gemeinschaft unter ihnen die Arbeitsteilung herrschen lassen. Die Mitglieder des Gemeinwesens tun nicht alle dasselbe: das wäre dumm und unvorteilhaft. Ganz im Gegenteil spezialisieren sie sich in ihren Tätigkeiten und in ihren Beschäftigungen: die einen sind Landwirte, andere Hirten und Handwerker; es gibt auch solche, die sich um den Handel kümmern: Tausch zwischen den Mitgliedern des kleinen Gemeinwesens, und dann mit der Außenwelt: es gibt demgemäß Matrosen, Steuerleute, Schiffsbaumeister...

Unser kleines Gemeinwesen ist gegründet. Es kann leben. Jeder in diesem Gemeinwesen hat etwas zu tun – das ist das große Prinzip von Platons Sozialphilosophie: jeder muß etwas tun, auf irgendeine Weise zum Leben des Gemeinwesens beitragen; und vor allem nicht irgend etwas tun, sondern sein

29 So gehen auch Hobbes, Locke und Rousseau vor.
30 Aristoteles wird sagen: Freundschaft, *philia.*

Metier betreiben – **ta heautou prattein** – und jeder ißt nach seinem Hunger. Nicht sehr gut, zweifellos … aber das hat für Platon nur geringe Bedeutung. Platon ist kein Gastronom. Die Gesundheit der Körper und der Seelen ist ihm wichtiger als das Vergnügen des Gaumens.

Das kleine, von Sokrates gegründete Gemeinwesen – kurz und gut, ein kleiner Marktflecken irgendwo in Griechenland oder in Thrakien –, das Rousseausche Gemeinwesen tugendhafter Barbaren gefällt indessen Glaukon nicht so recht. Eine Stadt von Menschen soll das sein? sagt er; das ist doch eher eine Schweinestadt.

Glaukons Urteil ist streng und stellt ihn vielleicht eher dar als unser Gemeinwesen, das zweifellos unvollkommen, doch trotzdem in vielerlei Hinsicht den wirklichen Gemeinwesen überlegen ist: es ist ein *gesundes* Gemeinwesen ohne die Fehler, die unsere Gemeinwesen verderben.[31] Aber Sokrates versucht gar nicht, es zu verteidigen. Und das ist verständlich: er ist keineswegs ein Parteigänger des »zurück zur Natur« und auch nicht zur »guten alten Zeit«. Ein Gemeinwesen von Barbaren ohne geistiges Leben ist nie Platons Ideal gewesen.

Gehen wir also weiter. Vergrößern wir die Stadt. Machen wir sie reicher: sogleich erscheint der Luxus, die Künste und die Laster. Das größere Gemeinwesen wird unfähig, sich selbst zu genügen. Es muß sein Territorium erweitern; deshalb muß es mit den Nachbarn Krieg beginnen. Und ebenso muß es sich gegen diese verteidigen.[32] Damit erscheint eine neue Klasse; die der Krieger, denn, getreu dem Prinzip der gesellschaftlichen Arbeitsteilung, einem gerechten Prinzip … »behaupteten wir

31 Wie wir gleich sehen werden, kommen die Fehler und die Laster trotzdem auf gewisse Weise von selbst hinein, sobald das Gemeinwesen größer und reicher wird.

32 Platon ist Realist und konstruiert sein Gemeinwesen unter Berücksichtigung der Normalbedingungen der menschlichen Existenz zu seiner Zeit.

nämlich, als wir unsere Stadt anlegten, es sei unmöglich, daß einer viele Künste zugleich gut ausüben könne«, und deshalb werden wir den Krieg einer Armee von Berufssoldaten überlassen.[33] Die Künste, der Luxus, die Laster und der Krieg... jetzt ist das Gemeinwesen vollständig.

Achtung indessen: mit den Kriegern ist in unserem Gemeinwesen ein ganz neues Element erschienen; und eines von kapitaler Bedeutung. Das Heer ist in der Tat eine *Kraft*. Es ist sogar die Kraft, das Element der Gewalt des Gemeinwesens. Je nach der – wohlverstanden: moralischen – Art des Kriegers verteidigt er das Gemeinwesen gegen dessen Feinde oder wartet nicht erst, bis andere es angreifen und zerstören, sondern bemächtigt sich der Feinde und vernichtet sie selbst; anders gesagt ist er dessen Diener und Organ oder dessen Herr. In der Tat muß er beides sein, um seine Rolle richtig zu erfüllen. Als Verteidiger und Beschützer des Gemeinwesens und des Bürgers wird er dessen Wächter (**phylax**).

Der Wächter bildet die Wehr des Staats. Er ist seine Stütze. Und er ist sein Schutz. Er verteidigt ihn, und er verwaltet ihn auch. Im platonischen Gemeinwesen – und das ist übrigens völlig normal für einen antiken Staat – gibt es keine Trennung der Gewalten. Im Frieden wie im Krieg sind es dieselben, die befehlen und die öffentliche Gewalt innehaben.[34] Das ist ein tatsächlicher Zustand; und es ist auch, für Platon, eine methodische Forderung: die Einheit des Staats setzt die Einheit der Gewalt und des Befehls voraus und impliziert sie.

33 Das Berufsheer ersetzte in Griechenland mehr und mehr die Bürgerarmee.

34 Die Gewaltenteilung ist eine moderne Vorstellung. Die antike Vorstellung ist völlig anders: die Macht zu befehlen ist Macht schlechthin, und wer in Friedenszeiten befiehlt, muß auch in der Lage sein, im Krieg zu befehlen. Daher sind die großen Feldherren der Antike Zivilpersonen, die Krieg führen und im Frieden herrschen. Der Niedergang beginnt, wenn umgekehrt die Militärs die zivile Macht an sich reißen.

Aber kommen wir noch einmal auf den Wächter zurück. Seine Rolle im platonischen Staat ist absolut zentral.[35] In einem solchen Ausmaß, daß Platon sich durch die ganzen zehn Bücher der *Politeia* hindurch allein oder doch fast allein mit dem Wächter beschäftigt. Platon scheint in der Tat zu denken, daß die Menschen im allgemeinen fähig sind, ihre kleinen Angelegenheiten selbst zu ordnen; es ist unnütz und vielleicht sogar lächerlich, ihre privaten, häuslichen und wirtschaftlichen Aktivitäten organisieren, leiten und reglementieren zu wollen; sie ihren eignen Beruf zu lehren. Es genügt, sie zu beaufsichtigen, darüber zu wachen, daß sie ihn richtig ausüben, daß sie sich mit ihren eignen Angelegenheiten beschäftigen und sich nicht in die der anderen mischen; auch darüber zu wachen, daß sie sich nicht zu sehr bereichern ... denn der große Reichtum zerstört das Gleichgewicht und damit die Einheit des Gemeinwesens, die Platon vor allem anderen bewahren will; der große Reichtum enthält ein Element der Gewalt und hört damit auf, Privatsache zu sein und wird zu einer öffentlichen Angelegenheit.

Darüber hinaus braucht man sich nicht, oder doch beinahe nicht, um die einfachen Bürger zu kümmern, die man der Obhut der Wächter anvertraut.[36] Ganz anders verhält es sich mit letzteren, denn es ist genau ihre Funktion, sich mit den Angelegenheiten anderer zu beschäftigen, das Gemeinwesen zu leiten und zu regieren. Man muß sie mit der größten Sorgfalt aus-

35 Platon hat völlig Recht: es sind die Staatsdiener, die Beamten, die dem Staat Halt geben, und ein Staat taugt nur so viel wie seine Beamten. Die Wächter des platonischen Staats bilden seine zivile und militärische Beamtenschaft. Platon war der erste, der ihre Rolle verstanden hat und die Notwendigkeit einsah, sie als besondere Körperschaft zu konstituieren, indem man ihnen einen angemessenen Unterricht und eine besondere Schulung gibt.

36 Man muß sich selbstverständlich mit ihrer physischen und moralischen Erziehung beschäftigen.

wählen. Außerdem muß man ihnen, um sie für die Erfüllung ihrer Aufgabe zu befähigen, eine ganz besondere Erziehung geben. Man muß, um es deutlich zu sagen, sie ihren Beruf der Wächter lehren.[37]

Um unsere Wächter auszubilden, treffen wir also eine sehr strenge Auswahl. Wir nehmen sie aus der – intellektuellen, moralischen und physischen – Elite der jungen Leute der Stadt. Wir setzen uns über die Unterscheidung der Geschlechter hinweg. Denn obwohl die Frau im allgemeinen schwächer ist als der Mann ist dieser Unterschied nach Platon kein Unterschied der Qualität oder des Wesens und nicht derart, daß er uns berechtigte, sie vom öffentlichen Leben, vom Dienst am Gemeinwesen auszuschließen und sie auf die niedrigeren Tätigkeiten im Frauengemach zu verweisen. Wir werden allen – auch allen Mädchen – eine gemeinsame Erziehung geben. Und eine sehr sorgfältig ausgearbeitete.

Die Erziehung, die Bildung der Jugend... Wir wissen wohl, daß das Platons große Sorge war. Das große Verbrechen der gegenwärtigen Gemeinwesen, das große Verbrechen Athens ist es nach seiner Auffassung, sie völlig zu vernachlässigen; zumindest, sich nicht darum zu kümmern und sie gänzlich in den Händen der Privatleute zu lassen. Spartas großes Verdienst ist es im Gegenteil, seinen Kindern eine vom Staat eingerichtete und beaufsichtigte Erziehung zu geben, allen die gleiche, und sie von den höchsten Beamten des Gemeinwesens überwachen zu lassen. Ohne Zweifel ist die in Sparta erteilte Erziehung sehr weit davon entfernt, ein Ideal zu sein – was man auch immer redete, Platon hat nichts von einem »schlitzohrigen Spartaner«, und das von ihm ausgearbeitete Programm des höheren Unter-

37 Der Beruf des Wächters ist (vom Militärischen abgesehen) kein spezialisierter Beruf, seine Ausbildung besteht vor allem in einem allgemeinen Unterricht.

richts[38] hat mit der groben und rohen Dressur der Spartiaten nichts gemein –, aber der Grundsatz ist gut und gerecht. Es ist die Aufgabe des Staats, über die Bildung seiner künftigen Bürger zu wachen. Und vor allem über die seiner künftigen Wächter, derer, die über ihn wachen werden.

Damit das Gemeinwesen eines sei, muß auch die Erziehung eins und einheitlich sein; damit es gerecht und tüchtig sei, müssen die Grundsätze der Gerechtigkeit und der Tüchtigkeit eingeprägt werden, und das im frühesten Alter und allen Kindern. Nichts ist gefährlicher als sie sich zu überlassen, wie es nur zu häufig geschieht. Und Platon liefert uns eine leidenschaftliche Kritik der athenischen Erziehung, die nicht nur – das wissen wir wohl – ihnen keine Tüchtigkeit einprägt, sondern sie sogar verdirbt, indem sie die jungen Leute die Lüge, den Betrug und die Grausamkeit lehrt. Tatsächlich erzählt man ihnen von ihrer zartesten Kindheit an die lächerlichen Fabeln über die Götter des Olymp und später läßt man sie die Werke der Dichter Hesiod und Homer studieren und sogar auswendig lernen, die ihnen eine unwürdige Vorstellung von der Gottheit geben, die ihnen Götter darstellen, die sich untereinander bekriegen, Götter, die lügen, betrügen und sich der Wollust und der Unzucht hingeben. Das sind schöne Beispiele für die Jugend! Und wundert man sich noch, wenn die jungen Leute, nachdem sie etwa die Sage von Uranos und von Kronos oder die der Hera, die ihr Gatte an einer Kette hielt, gelernt haben, es später an Respekt gegenüber ihren Eltern fehlen lassen; wenn sie, nachdem sie so viele Beispiele der Ungerechtigkeit, des Betrugs und der schamlosen Günstlingswirtschaft erfahren haben, die von den Göttern gegeben wurden, daß sie es ebenso machen, wenn sie erwachsen werden? Und wie soll man erwarten, daß sie tapfer sind und jeden Augenblick bereit, ihr Leben für das Gemein-

38 Dieses Programm, das zweifellos das der Akademie reproduziert, nimmt die Hälfte der *Politeia* ein.

wesen zu opfern, wenn man ihnen ständig Bilder vorhält, die ihnen das Fortleben der Seelen im Hades, den elenden Zustand der Toten in den düstersten Farben malt, wenn man ihnen sogar als Vorbild die reinsten Heroen – einen Hektor – als von der Furcht vor dem Tod beherrscht und ihr unterworfen darstellt?

Die erste Grundlage einer gesunden Erziehung ist deshalb eine religiöse Reform; ein neuer und höherer Begriff von Gott. Ebenso werden wir aus der neuen Stadt, die wir errichten, alle Bücher und alle Fabeln verbannen, die nicht sagen, daß Gott gut und daß er gerecht ist, daß er »absolut einfach und wahr ist in seinen Reden, daß er niemals die Gestalt wechselt, daß er nie betrügt und *daß er die Lüge haßt*«. Aber das genügt noch nicht: denn nicht nur von den Göttern, sondern auch von den Menschen, den Heroen, erzählen uns die Dichter unwürdige Dinge; wir werden auch da die Texte reinigen; so werden unsere Kinder nur Vorbilder der Größe, der Tapferkeit, der Ehre und der Tüchtigkeit vor Augen haben.[39]

Es ist klar, daß die ganze griechische Literatur aus Platons Gemeinwesen verbannt wird. Zumindest taugt das, was bleibt, nicht viel. Ausgaben *ad usum Delphini* (»zum Gebrauch des Kronprinzen«) gereinigt. Wir kennen dergleichen. Allerdings kann der Einfluß der Literatur auf die Seele des Lesers, vor allem auf die zarte und bildsame Seele des Kindes und des Heranwachsenden, tief sein. Und manche großen literarischen Werke haben gewiß einen unheilvollen Einfluß ausgeübt.[40] Wie dem

39 Und der Schönheit: der platonische Staat wird schön sein, mit Skulpturen und Kunstwerken geschmückt. Er wird gut gebaut werden. Platon glaubt zu Recht, daß man eine tüchtige und gesunde Jugend nicht inmitten von Häßlichkeit aufziehen kann. Und auch nicht in Elendsquartieren.

40 Unter den literarischen Werken von künstlerischem Wert hat sicher keines einen unheilvolleren Einfluß gehabt. Wer ermißt den schädlichen Einfluß des Fortsetzungsromans? Oder des Kinos?

auch sei, für Platon rechtfertigt die literarische Schönheit der Form nicht den unmoralischen Inhalt des poetischen Werks. Und übrigens kann der Staat auf Künstler verzichten: er kann aber nicht auf tüchtige Bürger und vor allem Wächter verzichten.

Ist die Grundlage der Erziehung – durch die moralische Fabel – somit gelegt, so beschäftigt man sich mit der Ausbildung des Körpers und des Charakters: das heißt durch Gymnastik und Musik.

Der moderne Leser wird ein wenig erstaunt sein. Gymnastik, das ist klar. Aber Musik? was hat sie in der Angelegenheit zu schaffen? Der moderne Leser wird sich zweifellos sagen, daß der griechische Begriff – **mousikē** – nicht »Musik« bedeutet, sondern alles bezeichnet, was sich auf die Musen bezieht, die Wissenschaften sowohl wie die Künste, etwa das, was man früher in Frankreich »les bonnes lettres« und heute überall »Kultur« nennt. Das ist richtig. Die griechische »Musik« ist nichts anderes als allgemeine Bildung oder Kultur, und ein »musikalischer Mensch« – **mousikos anēr** – ist keineswegs ein guter Musiker, sondern ein kultivierter und gebildeter Mensch.

Dennoch spielt bei dieser allgemeinen Kultur der eigentliche *Musik*-Unterricht eine bedeutende Rolle. In der Tat ist für Platon, und nicht allein für ihn, die Musik – im eigentlichen Sinn – für die Bildung der Seele das genaue Äquivalent der Gymnastik für die Bildung des Körpers. Der Einfluß der Musik auf die Seele wird allenfalls an Macht von dem der Literatur übertroffen; und deshalb, weil die Seele wichtiger ist als der Körper, weil sie ihn beherrscht oder doch zumindest beherrschen soll, spielt die Musik, oder soll es doch, bei der Erziehung der jungen Menschen eine unendlich viel größere Rolle als die Gymnastik. Deshalb widmet Platon dem Problem der musikalischen Erziehung und der Festlegung der musikalischen Tonarten, die wir in unserem Staat zulassen werden, eine lange Erörterung. Selbstverständlich werden wir sie nicht alle zulassen; selbstverständlich hat nur die einfache, harmonische und mannhafte Musik ein Bürgerrecht in der Stadt, und die zu gewaltsame Musik, die leidenschaftliche Musik, die sehnsüchtigen und klagenden Gesänge werden streng daraus verbannt.

Für uns ist dieser Glaube an die bildende Wirkung der Musik sehr merkwürdig. Ist es wegen der Wortanalogie, die von einem »harmonischen« Körper oder einer »harmonischen« Seele zu sprechen erlaubt? Ist es etwas anderes? Das ist möglich; und das ist sogar sehr wahrscheinlich. Dieses Problem gründlich zu erörtern, würde uns jedoch zu weit führen.

Die Musik und die Gymnastik erschöpfen keineswegs den Inhalt des Unterrichts oder, genauer, der Grundschulerziehung, die wir den Kindern des Gemeinwesens erteilen werden. Sie haben gleichfalls – und sogar vor allem – einen guten literarischen Unterricht,[41] eine moralische, religiöse und staatskundliche Erziehung. Denn – muß man es noch einmal wiederholen? – es sind die künftigen Staatsbürger, die wir gerade ausbilden. Deshalb suchen wir mit allen Mitteln und von der frühesten Kindheit an, ohne irgendetwas zu vernachlässigen, weder die Ammenmärchen noch die Spiele, weder die Heldensagen noch die Götterlehre, den Kindern die Grundsätze der Moral und der Religion, die Achtung der Gesetze und vor allem die Liebe zu ihrem Gemeinwesen und die Hingabe dafür einzuprägen.[42]

Das ist die allgemeine Erziehung und der allgemeine Unterricht. Für die Elite, die künftigen Wächter, braucht es noch

41 Platon glaubt offensichtlich, daß man mit guten Gefühlen gute Literatur machen kann. Da die wahre Schönheit und das Gute solidarisch, wenn nicht sogar identisch sein müssen, wird die große Kunst notwendig diese Kraft und Energie, *virtus*, haben.

42 Ein Gemeinwesen, für das sich zu opfern seine Bürger zögern, ist kein lebensfähiges Gemeinwesen. Zumindest wird es nicht lange bestehen.

mehr. Ihnen geben wir zusätzlich einen weiter entwickelten Unterricht, wir lehren sie die Geistes- und die Naturwissenschaften, wir geben ihnen eine höhere Bildung, damit sie am Ende ihrer Studien wirklich gebildete, »musische« Männer und Frauen sind.

Aber wir zwingen sie nicht zum Lernen. Wir wissen übrigens sehr wohl, daß man die Wissenschaft – im Gegensatz zu den mechanischen Künsten und Gewerben – nicht von außen lehren kann. Die Wissenschaft ist nicht die Sache von jedermann. Die ausgewählten Seelen allein, die Seelen, die die Begierde zu wissen, zu verstehen besitzen, sind fähig, wissenschaftliche Erkenntnis zu erwerben.[43]

Wenn der höhere Unterricht beendet ist, beginnt für die Wächter der militärische Unterricht und Dienst oder, genauer, der Staatsdienst, der ihr ganzes Leben dauern wird. Mit zwanzig Jahren weist eine neue Prüfung, eine neue strenge Ausscheidung die Besten aus, unter denen schließlich die wirklichen Wächter, die höchsten Beamten, die Oberhäupter und die »Könige« des Gemeinwesens ausgewählt werden.

Ihnen muß man (oder, genauer, sie müssen sich selbst) eine unendlich viel sorgfältigere und solide wissenschaftliche Einführung geben, ein sehr entwickelter höherer Unterricht, der zehn Jahre dauert und der ihnen erlaubt, eine wirkliche und tiefe Kenntnis der Wissenschaft zu erwerben. Das Ziel dieser zehnjährigen Studien und Forschungen ist nicht – wir betonen das –, den künftigen Leitern des Gemeinwesens nützliche Kenntnisse oder anwendbare zu vermitteln, sondern aus ihnen Gelehrte, Männer der Wissenschaft zu machen und – wie es zweitausend Jahre später Descartes formulieren wird – »ihre

43 Das Ziel des Unterrichts besteht nicht darin, Kenntnisse einzutrichtern, sondern den Geist durch die Arbeit der Intelligenz zu formen. Infolge der Freiheit, die man den Schülern läßt, geschieht die Auswahl sozusagen automatisch.

Seele mit Wahrheit zu nähren«. Deshalb ist es kein technischer Unterricht, sondern geistige Bildung (und auch moralische), die der Lehrplan verfolgt.[44]

In der Tat ist die moralische Bildung für die künftig Regierenden ebenso wichtig wie die geistige Bildung, und man darf sie nicht vernachlässigen. Wir können aber diese Bildung nicht mehr damit fortsetzen, daß wir ihnen moralische Vorschriften einprägen. Die höhere geistige Bildung vollendet sich in und durch die eigene Arbeit der Intelligenz, die sich Probleme stellt – oder sie findet – und sie zu lösen sucht, indem sie so ihre Fähigkeit, sie zu entdecken und ihre Lösung zu sehen, unter Beweis stellt. In gleichem Maße kann man, indem man ihnen Probleme vorsetzt, das heißt Versuchungen jeder Art, den moralischen Sinn üben, den Sinn unserer jungen Wächter für die Pflicht, sie auf die Probe stellen und durch diese Proben und Versuchungen bestimmen, ob die moralische und staatsbürgerliche Erziehung, die wir ihnen gegeben haben, ihre Seelen mit Erfolg gebildet hat und sie so erfüllt, daß sie damit eine Einheit bilden.

So geschieht es durch eine doppelte Reihe von Proben und von Übungen, geistigen und moralischen Proben, daß die Elite der künftig Regierenden sich nach zehn Jahren bestandener Versuchungen und gelöster wissenschaftlicher Probleme darauf vorbereitet, endlich an die letzte und gefürchtetste Probe heranzugehen, an die Probe der Philosophie. Mit dreißig Jahren machen sie sich in der Tat an das Studium der Dialektik. Mit dreißig Jahren? – Ja, denn die Philosophie ist, im Gegensatz zu dem, was Kallikles und Kephalos davon denken, eine Angelegenheit des reiferen Alters und keineswegs eine Sache der

44 Im Grunde sind die intellektuelle und die moralische Bildung eins. Platon glaubt nicht, wie wir wissen, an die Möglichkeit einer Trennung von Intelligenz und Willen. Die Erkenntnis verlängert und vollendet sich in der Handlung. Die Theorie beherrscht die Praxis.

Jugend. – »Heute«, schreibt Platon, und man braucht nichts an seinem Text zu ändern, »kommen Heranwachsende zu diesem Studium, die kaum der Kindheit entwachsen sind, und beschäftigen sich damit, ehe sie die häusliche Ökonomie und den Handel gelernt haben, und entfernen sich davon wieder, wenn sie an den schwierigsten Teil gelangt sind, und die erklärt man zu fertigen Philosophen... In der Folge glauben sie viel zu tun, wenn sie bereit sind, an philosophischen Konferenzen teilzunehmen, wenn man sie darum bittet; sie sind überzeugt, daß die Philosophie nur ein Zeitvertreib sein soll. Wenn das Alter herannaht, so erlöschen sie, mit Ausnahme einer kleinen Anzahl, viel vollständiger als die Sonne Heraklits, zumal sie sich nicht wieder entzünden.« Nun ist die Seele – unter der Bedingung, daß sie begabt und gut vorbereitet ist – offensichtlich gerade am Abend des Lebens, wenn die heftigen Leidenschaften sich abschwächen, am fähigsten, die Wahrheit zu betrachten. Die Weisheit ist ein Erbteil des Alters. *Sapientia filia temporis.*

Und zudem ist die Philosophie eine schwierige Sache. Platon läßt nicht davon ab, uns zu sagen und zu wiederholen, wie selten die Berufung zur Philosophie ist, wie wenig zahlreich die Seelen sind, die die nötigen Gaben besitzen – Gedächtnis, Verständnis, Arbeitskraft, Wahrheitsliebe, und so weiter, und so fort –, um sich ihr mit einiger Aussicht zu widmen. Noch einmal: die Philosophie – und das ist eine beständige Lehre Platons – ist nicht jedermann zugänglich; sie ist die Sache Auserwählter. Nun kann selbst diese Auswahl nicht an die philosophischen Studien herangehen und die Dialektik betreiben, ohne zuvor eine solide wissenschaftliche Ausbildung erhalten zu haben, ohne zuvor durch das Studium und das Betreiben der Mathematik seinen Geist gereinigt zu haben, indem sie ihm die Gewohnheit einprägte, sich von der sinnlichen und veränderlichen Welt abzuwenden und hinter ihr das feste, allein dem Denken zugängliche Sein der Ideen und der mathematischen Wesenheiten zu erblicken. Es gibt keinen kurzen und leichten

Weg in der Philosophie.[45] Darum ist es nicht nur unnütz, sie die Heranwachsenden zu lehren, sondern sogar wirklich gefährlich.

Jedermann weiß, schreibt Platon, und wieder einmal braucht man nichts an seinem Text zu ändern, daß »die Heranwachsenden, die einmal von der Dialektik gekostet haben, sie mißbrauchen und sie zum Spiel machen, indem sie sich ihrer nur zum Widerspruch bedienen und die nachahmend, die sie widerlegen, ihrerseits die anderen widerlegen, und wie kleine Hunde ihre Freude daran haben, alle, die ihnen nahekommen, bei der Rede zu zerren und zu rupfen«. So machen sie ein Spiel aus der ernstesten Sache der Welt: der kritischen Erörterung der gewöhnlichen Meinungen und der dialektischen Suche nach Wahrheit. »Wenn sie nun viele widerlegt haben und von vielen auch widerlegt worden sind, so geraten sie leicht dahin, nichts mehr von dem zu glauben, was sie früher glaubten.« Da sie unfähig sind, den zerstörten Glauben durch wahre Erkenntnisse zu ersetzen, werden sie zum Relativismus, zum Skeptizismus und zur Sophistik getrieben.[46] Und dadurch, fügt Platon spöttisch hinzu, »kommen sie und alles, was die Philosophie betrifft, bei der öffentlichen Meinung in schlechten Ruf«.

Die Philosophie ist, wir wiederholen es, eine gefährliche Sache. Sie erfordert Mut, Durchhaltevermögen und ungewöhnliche Begabungen. Daher ist die Probe durch die Philosophie die entscheidende Probe. Und unter denen, die siegreich daraus hervorgehen und die, um den Preis langer und geduldiger Anstrengungen schließlich zur Wahrheit, zur Betrachtung oder zur intuitiven Erkenntnis des Seins und des Guten gelangen, wer-

45 Deshalb bedeutet Philosophieunterricht im Rahmen der höheren Schulen für Platon den Beweis des Mißverständnisses des Wesens der Philosophie selbst.

46 Das *Debunking*, das mit einer solchen Heftigkeit während der beiden Weltkriege wütete, ist, wie man sieht, keine ausschließlich moderne Erscheinung.

den später die wahren Häupter, die Philosophen-Könige des platonischen Gemeinwesens ausgewählt.

Später… denn für den Augenblick kehren sie an ihre Stelle zurück und dienen, um Erfahrung mit Menschen und mit Dingen zu gewinnen, fünfzehn Jahre lang dem Gemeinwesen in untergeordneten Positionen, als »Gehilfen« (**epikouroi**) der weisen »Philosophen-Könige«, die deren obersten Rat bilden. Fünfzehn Jahre praktische Tätigkeit; fünfzehn Jahre Meditation; fünfzehn Jahre Proben. Endlich, wenn sie das Alter von fünfzig Jahren erreicht haben, sind die Besten unter ihnen durch eine neue Anstrengung in der Lage, das so geduldig und so methodisch verfolgte Ziel zu erreichen. »Haben sie aber die Fünfzig erreicht, dann muß man die, die sich gut gehalten und die sich überall in Geschäften und in den Wissenschaften ausgezeichnet haben, endlich zum Ziel führen und sie nötigen, das Auge der Seele zu öffnen und ihre Blicke zum Sein zu erheben, das allen Licht bringt; und wenn sie das Gute selbst gesehen haben, so werden sie es als Urbild nehmen und danach den Staat, ihre Mitbürger und sich selbst, ein jeder nach der Reihe, während ihres restlichen Lebens ordnen, wobei sie der Philosophie den größten Teil ihrer Zeit widmen, aber sobald sie an der Reihe sind, beschäftigen sie sich mit den Sorgen der Politik und nehmen nacheinander den Oberbefehl mit dem Blick einzig auf das Gemeinwohl und weniger als eine Ehre denn als eine unerläßliche Pflicht; und nachdem sie unablässig andere Bürger nach ihrem eigenen Vorbild erzogen haben, um sich in der Leitung des Staats ersetzen zu lassen, so gehen sie, um die Inseln der Glückseligen zu bewohnen. Der Staat wird ihnen öffentliche Denkmäler und Opfer weihen als guten Dämonen, wenn auch die Pythia zustimmt; wenn nicht, als glückseligen und göttlichen Menschen.«

Wie wir sehen, rechtfertigt im platonischen Staat, in dem gerechten Staat, dessen Modell wir gerade konstruieren oder, besser, dessen Aufriß wir zeichnen, allein die Erkenntnis die Ausübung der Macht; sie rechtfertigt sie und zugleich verpflichtet sie dazu. Denn die weisen Leiter des Staats, die endlich nach einem ganzen Leben der Mühe und Arbeit den höchsten Lohn erlangt haben, die Anschauung des Guten, hätten – um vieles – vorgezogen, das Glück der Betrachtung zu genießen, anstatt sich wieder in die öffentlichen Angelegenheiten einzumischen. Aber sie wissen, daß sie nicht das Recht dazu haben. Sie wissen, daß sie es dem Staat schuldig sind, diesem Staat, dank dessen sie geworden sind, was sie sind, sich die reine Freude der Kontemplation, der selbstlosen Suche nach Erkenntnis zu versagen. Sie wissen, daß sie es dieser Erkenntnis selbst schuldig sind. Sie wissen, daß der Gefangene, der der Höhle entkommen ist, wo er nur Schatten sah, und der ans helle Licht des Tages und zum Anblick der Wirklichkeit gelangt ist, seine Entdeckungen nicht für sich selbst behalten darf und daß er zurückkehren muß und wieder in die Höhle steigen und den anderen Gefangenen, die weniger vom Schicksal begünstigt sind, einen Widerschein des Lichts bringen muß, das er betrachtet hatte.

Die Wächter des platonischen Staats – und wir begreifen jetzt viel besser als zu Beginn, warum sie diesen Titel tragen: ihrer Obhut ist der Staat anvertraut –, ebensowohl die eigentlich so genannten Wächter[47], die Philosophen-Könige wie ihre militärischen und zivilen Gehilfen, sind nur Diener des Staats, die sich seiner Verteidigung und dem Schutz des Gemeinwohls weihen. Sie sind nichts anderes,[48] und das erklärt die Lebensweise, die ihnen Platon zuschreibt.

Die Wächter bilden ein ständiges Heer des Staats, ein ständiges Heer der Ordnung und des Guten. Deshalb leben sie – wie

47 Der vollständige Wächter, **pantelēs phylax**.

48 Sie sind, wohlverstanden, die Diener und Verehrer der Wahrheit und des Guten, und mit dieser Eigenschaft sind sie die Wächter des Staats.

jedes ständige Heer – im Zustand dauernder Mobilmachung, in besonderen Wohnungen, kaserniert und außerhalb der Häuser der anderen Bürger.

Sie haben kein anderes Interesse, das heißt sie können und dürfen kein anderes haben, als das des gesamten Staats, keine andere Leidenschaft als die Leidenschaft für sein Wohl, keine andere Liebe als die Liebe zum Staat. Deshalb haben sie weder Familie noch Haus noch Privatbesitz und, aus Furcht, daß sie trotzdem korrumpiert werden könnten – die verderbliche Leidenschaft des Besitzes ist mächtig im Herzen der Menschen[49] –, verbietet ihnen Platon nicht nur, Gold oder Silber zu besitzen, sondern sogar, es anzurühren. Das Übrige haben sie alle gemeinsam, sogar die Frauen – für die Wächter, Männer und Frauen, gibt es keine dauerhafte Ehe.[50] Die Kinder werden alle in öffentlichen Kinderkrippen aufgezogen und kennen weder ihren Vater noch ihre Mutter noch ihre Geschwister, damit die ausschließliche Zuneigung, die jeder von uns für *seine* Familie, für die *Seinigen* empfindet, nicht der Freundschaft und der Kameradschaft schadet, die sie untereinander verbindet, und nicht die Anhänglichkeit schwächt, die sie dem Staat schulden.[51]

»Kurz und gut«, bemerkt Adeimantes, »sie werden wie Söldner sein« … und Sokrates stimmt dem zu. »Aber«, fährt der junge Mann fort, »wenn sie ein Leben führen, wie wir es beschrieben haben, werden sie nicht glücklich sein« … Selbstverständlich erscheint das Leben der Wächter, dieses Leben in Ar-

49 »Gute« Menschen sind für Platon keineswegs diejenigen, die »Güter« besitzen. Im Gegenteil ist der Besitz der Güter unverträglich mit dem Dienst am Guten.

50 Wir dürfen uns diese Gemeinschaft nicht als Promiskuität vorstellen; die Heirat existiert, aber sie ist von kurzer Dauer.

51 Das »ich« und vor allem das »mein« sind der Feind. Deshalb darf die Macht nur denen anvertraut werden, die bei ihrer Ausübung keinerlei persönliches egoistisches Interesse verfolgen können. Andernfalls wird es immer und notwendig Mißbrauch und Korruption geben.

mut und Arbeit, ein Leben ohne jeden Luxus und ohne jeden persönlichen Ehrgeiz, den jungen Menschen im Umkreis des Sokrates reizlos. »Das kann wohl sein«, antwortet der. »Aber das hat keinerlei Bedeutung. Als wir unser Gemeinwesen konstruierten, haben wir nicht das Glück der Wächter im Auge gehabt, sondern das des ganzen Staates.«[52]

Die Wächter beherrschen in der Tat nicht den Staat. Sie dienen ihm. Der Teil, selbst der beste Teil, bleibt stets dem Ganzen untergeordnet.[53]

Übrigens, ist es richtig, daß die Wächter nicht »glücklich« sein werden? Man könnte im Gegenteil, indem man Sokrates' Gedankengang weiterführt, behaupten, daß sie vollkommen glücklich sein werden, da sie nur eine Liebe kennen: das Gemeinwesen, und da sie nicht Menschen wie wir sind, sondern gewissermaßen das Fleisch gewordene staatsbürgerliche Pflichtbewußtsein, werden sie durch das Gefühl der Pflichterfüllung vollkommen befriedigt sein.

Aber man muß vielleicht gar nicht so weit gehen. Worauf verzichten denn die Wächter tatsächlich? Auf Privateigentum, auf Reichtum, auf Luxus, auf persönlichen Ehrgeiz… Aber sie verzichten darauf nicht schlechterdings; sie verzichten darauf zugunsten der Macht, der Ehre, zugunsten der Achtung und Liebe ihrer Mitbürger und zugunsten der Freundschaft von ihresgleichen; sie verzichten darauf ja nicht wie auf Güter, die sie nicht erlangen können, sondern im Gegenteil wie auf Dinge

52 Wir suchen in der Tat die Verfassung des gerechten Gemeinwesens zu bestimmen, um die Natur der Gerechtigkeit und die psychologische Struktur der gerechten Seele begreifen zu können.

53 Das ist der Unterschied zwischen der wahren Aristokratie oder der Regierung der Besten, die nur zum *Wohl der Regierten* befehlen und regieren, und nie für ihr eigenes Interesse, und jedem pseudo-aristokratischen (feudalen, oligarchischen, demagogischen usw.) Regime, bei dem die regierenden Klassen (wie es uns Thrasymachos erklärt hatte) beim Regieren ihr eigenes Interesse verfolgen.

von geringem Wert, die ihrer unwürdig sind; sie verzichten darauf – wie bei jeder wahren Askese –, indem sie ihre eigene Überlegenheit bestätigen.

Die Geschichte kann uns beweisen, daß der Mensch in der Lage ist, auf viel mehr zu verzichten um eines viel geringeren willen.[54] Daher kann man im Gegensatz zur Meinung des Adeimantes behaupten, daß die Wächter des platonischen Staats vollkommen glücklich sein werden.

Der Einwand des Adeimantes ist deshalb wertlos. Zweifellos akzeptiert der »normale« oder der »Durchschnittsmensch« niemals die asketische Existenz der Wächter. Aber Platon hat auch nie daran gedacht, sie ihm aufzuerlegen. Die Wächter setzen sich nicht aus »Durchschnittsmenschen« zusammen. Im Gegenteil, sie bilden eine Elite, eine sorgfältig ausgewählte, erzogene und geformte Elite. Was die anderen betrifft… um so besser, wenn das Leben der Wächter für sie ohne Anziehungskraft ist: dann werden sie Achtung vor ihnen haben. Und sie nicht beneiden.[55]

Eine Frage stellt sich jedoch. Kann man die anderen, die zahlenmäßig viel größeren Klassen[56] der Kaufleute, Handwerker, Bauern und anderer, die die ökonomische Grundlage des Ge-

54 Man braucht nur an Mönchsorden zu denken. Die Wächter des platonischen Staats bilden in der Tat eine Art von Orden kriegerischer und gelehrter Asketen, die von einer Gruppe von Menschen geleitet werden, die die vollkommene Weisheit verwirklichen, das heißt die Erkenntnis mit der Heiligkeit verbinden.

55 Platon hat wieder einmal Recht. Die wahrhafte Aristokratie muß arm sein. Das bedeutet, daß es sie in einem Geldstaat nicht geben kann, und daß die durch ihr Vermögen höhergestellten Klassen niemals etwas anderes als eine Pseudo-Aristokratie bilden können. In der Tat eine Kakokratie.

56 Die produktiven Klassen leben unter dem Regime des Privateigentums. Der platonische Staat ist keineswegs ein kommunistisches Gemeinwesen. Die Gemeinschaft der Güter ist eine Sache allein der Wächter.

meinwesens bilden, dazu bringen, die autokratische Macht des Rangs der Wächter anzuerkennen? Denn es muß sich ja, vergessen wir das nicht, um eine anerkannte und nicht um eine auferlegte Macht handeln.[57]

Platon meint – und da ist er vielleicht ein wenig zu optimistisch –, daß eine gute Erziehung, vorausgesetzt sie ist wirklich gut, das heißt so, wie wir sie beschrieben haben, allen Mitgliedern des Gemeinwesens einen richtigen Begriff von natürlicher Rangordnung und Werten einprägt, die Achtung vor den Besseren und die Achtung – vor allem – vor der Erkenntnis.

Die Rangordnung des platonischen Staats gliedert sich in der Tat nach den Graden der Erkenntnis. Wir sagten es schon, aber vielleicht ist es gut, es zu wiederholen: weil sie die Erkenntnis besitzen, die wahre und höchste intuitive Erkenntnis des Guten und des Seins (**noēsis, nous**), sind die weisen Philosophen-Beamten fähig und würdig und deshalb verpflichtet, das Gemeinwesen zu regieren. Und ihre Erkenntnis strahlt in gewisser Weise über das Gemeinwesen aus, läßt es insgesamt an der Erkenntnis teilhaben.

Die Philosophen-Könige repräsentieren die kontemplative Erkenntnis. Die anderen Wächter, ihre Assistenten und Gehilfen, gelangen nicht so weit. Ihr Bereich ist die Vernunft, das diskursive Denken (**dianoia**), die Analyse und die Synthese. Die einfachen Bürger begnügen sich mit dem Glauben, mit der richtigen Vorstellung (**doxa alēthēs**), die ihr die Wissenden einprägen.[58]

Die einen besitzen also die Wahrheit selbst. Den anderen, die nicht fähig sind, sie wahrzunehmen und ganz rein aufzufassen, wird sie unter verschiedenen Formen verabreicht, ver-

57 Mit der Weigerung, die Macht der Wächter anzuerkennen, zerbräche automatisch die geistige Einheit des Gemeinwesens.

58 Wir wissen wohl, daß für das Handeln die **doxa** praktisch das Äquivalent des Wissens ist. Vgl. oben, *Menon*, S. 24 ff.

dünnt, abgeschwächt, mit der Einbildungskraft verbunden und auf Symbole und Mythen vereinfacht.[59] Um die Einigkeit des Gemeinwesens zu befördern, prägt man deshalb allen ihren Mitgliedern den Glauben an den Mythos der Autochthonie ein. Platon meint offensichtlich, daß man die Menschen zum Glauben an alles bringen kann, wenn man es nur genügend lange wiederholt und frühzeitig damit anfängt.[60] – Man bringt sie deshalb zu dem Glauben, daß sie alle oder doch zumindest ihre Ahnen Kinder der Erde ihres Vaterlandes (oder Mutterlandes, wie die Kreter sagen) sind; daß sie folglich alle Geschwister sind; daß jedoch beim Hervorbringen eines jeden verschiedene Materialien verwendet wurden, verschiedene Metalle, nämlich Gold, Silber und Erz; daß das erzene Geschlecht die Masse des Volkes bildet, das silberne die Klasse der Wächter-Gehilfen, und das goldene Geschlecht – das seltenste und das kostbarste – ist das der Philosophen-Könige.

Diese drei Geschlechter oder, genauer, diese drei Klassen des platonischen Staats sind keinesfalls Kasten. Platon glaubt wie jeder an die Vererbung.[61] Er glaubt, daß normalerweise die Kinder der Wächter würdig sind, ihnen nachzufolgen. Aber er weiß nur zu gut, wie oft die Sprößlinge hervorragender Eltern die Hoffnungen enttäuschen, die man auf sie setzt. Deshalb begründet in dem von den Philosophen geleiteten Gemeinwesen die Erblichkeit kein Recht, sondern lediglich eine günstige Ver-

59 Eine der politisch wichtigsten Aufgaben der Philosophen-Wächter besteht genau darin, die nur dem reinen Denken zugängliche Wahrheit in einen der Einbildungskraft zugänglichen Mythos zu übersetzen. Das ist gleicherweise die Aufgabe der Kunst. Daher ihre Bedeutung im Gemeinwesen.

60 Auch da noch gibt die moderne politische Wirklichkeit, die Rolle der Propaganda, Platon Recht; der wirkliche Mensch ist ein leichtgläubiges Wesen, er ist nicht ein vernünftiges Wesen. Übrigens ist die Existenz der Religionen dafür ein zureichender Beweis.

61 Umgekehrt kennt er besser als sonst jemand deren Grenzen.

mutung. Tatsächlich werden die Wächter, deren Aufgabe das ist, frühzeitig unter den Kindern des erzenen Geschlechts höhere Begabungen entdecken, die sie sehr bald in den Rang der Wächter erheben; oder im Gegenteil, eine erzene Natur unter den Nachkommen der Elite, die sie auf die Felder oder in die Werkstatt schicken.

Nunmehr ist unser Gemeinwesen vollendet. Es ist so, wie es sein soll. Es besitzt alle guten Eigenschaften, die ein Gemeinwesen zu haben nur fähig ist. Es ist besonnen, tapfer, mäßig und gerecht. Aber worin besteht tatsächlich seine »Gerechtigkeit«?

Um auf diese wichtige Frage zu antworten, müssen wir zunächst den »Sitz« der drei anderen Tugenden bestimmen. Offensichtlich befindet sich der Sitz der Besonnenheit bei den weisen Regierenden, und deshalb haben wir sie dem gesamten Gemeinwesen zuerkannt. Es ist ebenfalls offensichtlich, daß der Sitz der Tapferkeit sich im Herzen seiner Wächter-Gehilfen befindet. Was die Mäßigung betrifft, so umfaßt sie nicht nur den gesamten sozialen Körper, sondern sie kann noch als die eigentümliche Tugend seiner produzierenden Klassen angesehen werden.

Aber die Gerechtigkeit? Es scheint wohl, als bliebe kein Platz für sie. Zumindest jedenfalls hat sie keinen eigenen Sitz in einer der Klassen oder Teile des Gemeinwesens, sondern besteht genau in der Ordnung, dem Einklang, der natürlichen Rangordnung und der Arbeitsteilung, die sich darauf gründet, und sie leitet, organisiert und vereint das Ganze, das Gemeinwesen insgesamt.

Die Gerechtigkeit hat sich im Gemeinwesen gewissermaßen ohne unser Wissen verwirklicht, ohne daß wir sie ausdrücklich eingeführt hätten. Sie hat sich verwirklicht, weil wir beschlossen haben, ohne uns von der Wichtigkeit unseres Schrittes Rechenschaft abzulegen, unser Gemeinwesen zu errichten, indem wir streng und systematisch das große Prinzip der höchsten Angemessenheit anwendeten: wir haben jedem die Rolle oder die Funktion zuerteilt, die ihm am besten entspricht oder, umgekehrt, wir haben jeden Bürger für die Rolle und Funktion bestimmt, die ihm am besten entspricht.[62] Und wir haben gewissermaßen automatisch die Ordnung in der Vollkommenheit und der Gerechtigkeit im Aufbau unseres Gemeinwesens verwirklicht, worin deshalb eine gerechte Rangordnung herrscht, die auf die Natur der Dinge selbst gegründet ist. Nun ist es innerhalb des Menschen ganz ebenso. Die menschliche Seele ist, wie wir wohl wissen, ein Gegenstück oder ein genaues Abbild des Gemeinwesens. Auch sie teilt sich in drei Teile. In der Tat entspricht der **nous**, die Vernunft, in uns der Besonnenheit, die das Gemeinwesen regiert. Der **thymos**, der leidenschaftliche, erzürnbare Teil der Seele, der Sitz des Zorns und der Tapferkeit, der Sitz des Stolzes und der Gewaltsamkeit, entspricht der Klasse der Krieger; schließlich die Begierde, die fleischlichen Gelüste, die Gier und das Verlangen nach Besitz entsprechen der Masse.

Die Herrschaft der Gerechtigkeit in der Seele besteht daher in der Rangordnung und in der gegenseitigen Unterordnung ihrer Teile, einer Unterordnung, die die Übereinstimmung und die Vollkommenheit des Ganzen sichert. In einer gerechten Seele herrscht in der Tat die Vernunft, der **nous**, der den »irasziblen« und leidenschaftlichen Teil lenkt, über ihn entscheidet und ihm befiehlt, und es ist dieser, der sozusagen in Erfüllung des Befehls der Vernunft den begehrenden und verlangenden Teil deren Entscheidungen gefügig macht.

Die Gerechtigkeit besteht in nichts anderem. Und deshalb ist sie auch die Gesundheit der Seele. Nicht bloß in übertragener Bedeutung sprechen wir von moralischer Gesundheit, sondern

62 Auf diese Weise hat man ein Maximum an persönlichem Glück und ein Maximum an sozialem Zusammenhalt verwirklicht, was Durkheim »organische« Solidarität nannte.

im striktesten und buchstäblichsten Sinn.[63] Umgekehrt ist die Ungerechtigkeit, die in der Unordnung und der Verkehrung der natürlichen Rangordnung besteht, ihre Krankheit.

Die platonische Theorie der Dreiteilung der Seele ist zugleich banal und merkwürdig. Banal, weil sie die gewöhnliche Auffassung von der Teilung und Lokalisierung der Kräfte der Seele wiederholt: Kopf, Herz und Bauch; und merkwürdig durch ihr Insistieren auf der ursprünglichen Bedeutung und wesentlichen Rolle des leidenschaftlichen, irasziblen Elements bei der Zusammensetzung des Menschen, seines »Herzens«. Platons Ideal ist nicht die Leidenschaftslosigkeit. Eine Seele ohne Leidenschaft und Zorn, eine Seele ohne Feuer und Flamme – die Seele eines stoischen Weisen – wäre für Platon eine unvollständige Seele, eine unvollkommene, eine ohnmächtige Seele.[64] Sie wäre übrigens die eines Menschen ohne Tapferkeit, und ein Mensch ohne Tapferkeit kann nicht »Philosoph« werden. Und auch nicht Haupt eines Gemeinwesens.[65]

Deshalb beginnen Platons Wächter ihr Leben als Krieger. Und sie bleiben es ihr ganzes Leben lang.

Das vollkommene Gemeinwesen oder zumindest der Plan des vollkommenen Gemeinwesens liegt vor uns. Aber was ist es, im Grunde?

Ist es etwas, das auf dieser Welt verwirklicht werden kann oder, im Gegenteil, ein Traum, ein Luftgebilde, schlicht und einfach eine Utopie? Das ist eine Frage, die ziemlich schwer zu be-

63 Die Philosophie ist deshalb eine wahrhafte *medicina mentis*. Der philosophische Staatsmann ist der Arzt des Gemeinwesens, und deshalb könnte er sich im Notfall über die Zustimmung der Bürger hinwegsetzen. Der Arzt schreibt die Therapie vor. Er verlangt von den Kranken nicht, daß sie mit ihm einverstanden sind.

64 Es ist merkwürdig, in diesem Punkt die vollständige Übereinstimmung zwischen Platon und Spinoza festzustellen.

65 Eine ängstliche Seele ist eine Oligarchen- oder Sklavenseele.

antworten ist. Offensichtlich existiert der gerechte Staat nicht und hat an keinem Ort existiert. In diesem Sinne ist es daher eine Utopie oder, genauer, eine **atopie**, denn es existiert – als Idee – nur in dem **topos atopos**, dem intelligiblen Ort, wo die Ideen »existieren«. Ist es unmöglich? In einem Sinn gewiß, denn die Ideen können sich niemals als solche in der Welt verwirklichen – es gibt in der Welt, die man »wirklich« nennt, weder Kreise noch Dreiecke noch gerade Linien – und man begegnet da nur ihren Abbildern, Dingen, an denen sie teilhaben, und Annäherungen.

Man könnte sich indessen fragen, ob das genügt, und ob die Verwirklichung des vollkommenen Gemeinwesens nicht schlicht und einfach widersprüchlich ist. Platon denkt das offensichtlich nicht. Der Staat, so wie wir ihn konstruiert haben, ist nicht in sich selbst widersprüchlich; er ist auch nicht unvereinbar mit der menschlichen Natur.[66] Deshalb muß man seine Existenz, seine Verwirklichung, obwohl sie außerordentlich schwierig ist und infolgedessen außerordentlich unwahrscheinlich, doch als theoretisch möglich ansehen. Der vollkommene Staat wird zweifellos verwirklicht werden, und er wird es, »wenn man an der Spitze des Staates einen oder mehrere Philo-

66 Zumindest wenn man nicht die Existenz selbst von Philosophen-Königen als unmöglich ansieht. In der Tat sind die Philosophen des platonischen Staats nicht im eigentlichen Sinn Philosophen: es sind Weise. Nun ist die Weisheit, wie es der *Politikos* uns ausführlich darlegt, ein göttliches Vorrecht. Das absolute Wissen ist eine Gabe der Götter, nicht der Menschen, und deshalb ist die absolute Macht ebenfalls eine göttliche Gabe. Dem Menschen übertragen, wird sie stets ungerechtfertigt und daher unrecht sein. Sie wird daher niemals (bei einem Menschen) eine »königliche«, sondern stets eine tyrannische Macht sein. Die *Nomoi* (Gesetze) sagen uns sogar, daß die absolute Macht in einem derartigen Mißverhältnis zur menschlichen Natur steht, daß ihr Besitz sie notwendig zum Wahnsinn führt. Darin hat Platon offensichtlich Recht. Aber vielleicht bezieht sich all das nur auf den wirklichen Menschen und nicht auf die menschliche Natur.

sophen sehen wird, die die Ehren, die man heute sucht, verachten und sie für eines freien Mannes unwürdig und für wertlos halten und dagegen der Pflicht und den Ehren, die deren Lohn sind, das größte Gewicht beilegen, die Gerechtigkeit für die bedeutendste und notwendigste Sache halten, sich in deren Dienst stellen und sie zur Blüte bringen und den Staat nach ihren Gesetzen organisieren.«

Es ist ohne Zweifel sehr wenig wahrscheinlich, daß die Philosophen jemals Staatsoberhaupt werden – wie sollten sie es in der Tat werden? –, jedoch kann sich im unendlichen Lauf der Zeiten im Prinzip jede Möglichkeit realisieren. Es ist nicht *unmöglich*, daß eines Tages ein Philosoph unter dem königlichen Purpur zur Welt kommt... es ist nicht *unmöglich*, daß sich zur gleichen Zeit ein paar andere finden, die ihm als Minister und Ratgeber dienen könnten. Sobald man das Programm zur Kenntnis nimmt, das das ihrige sein müßte, wenn sie nun den vollkommenen Staat einrichten wollten, beginnt man, das ist wahr, am praktischen Wert der theoretischen Möglichkeit, die wir aufgezeigt haben, zu zweifeln. Als erste Maßnahme werden die Philosophen-Regenten des nicht philosophischen Staats in der Tat »alle die auf die Felder schicken, die in diesem Staat das zehnte Jahr überschritten haben; dann werden sie die Kinder nehmen, um sie vor den gegenwärtigen Sitten zu bewahren, die auch die ihrer Eltern sind, und sie werden sie entsprechend ihren eigenen Sitten und ihren eigenen Prinzipien aufziehen... Das ist das rascheste und leichteste Mittel, um die Verfassung zu errichten, die wir für einen Staat entworfen haben, der glücklich sein wird und die Nation, die ihn entstehen sieht, mit Gütern überhäuft.«

Nichts ist leichter, zweifellos... Zumindest wenn Sokrates – auch das ist nicht unmöglich – sich nicht liebenswürdig über seine jungen Freunde lustig macht.

Es ist übrigens nicht so wichtig, ob unser Gemeinwesen im Tatsächlichen realisierbar ist oder nicht. Wir wissen, daß es das als Idee sehr wohl ist,[67] und das muß uns genügen, um unser Handeln zu leiten und um zugleich die unvollkommenen Gemeinwesen, in denen zu leben unser Schicksal uns nötigt, zu verstehen und zu beurteilen.

67 Das menschliche Ideal, das dem vollkommenen Gemeinwesen entspricht, das Ideal des gerechten oder »königlichen« Menschen leitet unsere Tätigkeit bei der moralischen Erziehung und der Selbsterziehung.

Die unvollkommenen Gemeinwesen

Die unvollkommenen Gemeinwesen (die wirklichen Staaten) werden von Platon in vier große Kategorien geordnet, und zwar nicht nach der äußeren Rechtsform ihrer Verfassungen – erbliche Regierung, Regierung durch Wahl oder durch Los –, sondern nach ihrer inneren Struktur, nach dem Prinzip, das sie verkörpern, und nach der Werteskala, die ihr Leben beherrscht und bestimmt. Daher bilden die Seiten, auf denen Platon die unvollkommenen Gemeinwesen untersucht – Seiten, die zu den schönsten gehören, die Platon geschrieben hat –, nicht eine Skizze des vergleichenden Verfassungsrechts. Sie bilden ein Kapitel der philosophischen Anthropologie und beschreiben uns die wesentlichen Typen – moralische und zugleich soziale Typen –, in denen sich das menschliche Leben in der Gesellschaft verwirklicht.

Das vollkommene Gemeinwesen ist dasjenige, worin, im Staat wie im Menschen, die Vernunft regiert und durch sie das Gute, das sie betrachtet. Die unvollkommenen Gemeinwesen sind diejenigen, worin diese natürliche Rangordnung sich pervertiert findet, wo die Stelle der Vernunft oder, besser, der Erkenntnis als Synonym für die Pflicht, von etwas anderem eingenommen wird: dem Ehrgeiz, der Habsucht, der Suche nach Vergnügungen, der Eitelkeit und dem Verbrechen.

Für die Analyse der unvollkommenen Formen des Gemeinwesens verwendet Platon eine Methode oder, wenn man das vorzieht, eine Art der Darstellung – die analog ist zu der, die er bei seiner allgemeinen und vorläufigen Untersuchung des Gemeinwesens gebraucht hatte. Da hatte er uns dessen pseudohistorische Ursprünge skizziert: hier erzählt er uns die Geschichte des Niedergangs und des fortschreitenden Verfalls des vollkommenen Staates.[68] Eine ideale Geschichte, wohlverstanden, deren Phasen nicht notwendig mit den Phasen der wirklichen Geschichte übereinstimmen.[69]

Die Typen der unvollkommenen Gemeinwesen werden uns von Platon in der Reihenfolge der abnehmenden Vollkommenheit oder, wenn man das vorzieht, in der Ordnung zunehmender Perversion dargestellt. Es sind zunächst die Timokratie oder der Staat der Tapferkeit und Ehre, dann die Oligarchie oder der Staat des Geldes und der Habgier, die Demokratie oder der Staat der Unordnung und der Willkür,[70] und schließlich die Tyrannis oder der völlig pervertierte Staat, der Staat der Furcht und des Verbrechens.[71]

Wir haben somit zwei Grenzformen, zwei in gewisser Art absolute Formen, den philosophischen Staat der herrschenden

68 Der Mythos des Niedergangs erlaubt zu erklären, warum die unvollkommenen Gemeinwesen Spuren und Züge der Gerechtigkeit und der Tüchtigkeit bewahren. So »erklärt« Platon das, was die Sophisten mit einer Wirkung der gesellschaftlichen Heuchelei erklären, mit dem Mythos des Niedergangs.

69 Es ist klar, daß es zum Beispiel nicht nötig ist, daß jedes Gemeinwesen den ganzen Zyklus durchläuft. Athen ist niemals Sparta gewesen. Die Tyrannis kann, wie es schon Aristoteles bemerkt hat, die Oligarchie unmittelbar verdrängen, ohne die Phase der Demokratie zu durchlaufen. Wir haben davon neue Beispiele gesehen.

70 Man darf nie vergessen, daß die griechische Demokratie das Prinzip, wonach »irgendwer irgendwann irgendwohin gestellt werden kann«, soweit getrieben hat, daß die hohen Beamtenstellen durch das Los zuerteilt wurden. Das erklärt einige – nicht alle – Kritikpunkte, die Platon an ihr übt.

71 Oder wenn man das vorzieht: die Demokratie oder der Staat des Demagogen-Politikers, die Tyrannis oder der Staat der menschlichen Dummheit.

Vernunft und den tyrannischen Staat der entfesselten Begierden[72] und drei Zwischenformen,[73] die sich alle aus der stufenweisen und zunehmenden Abschwächung der natürlichen Rangordnung und der inneren Disziplin ergeben, aus der fortschreitenden Ansteckung der höheren Seelenkräfte (und der Führungsgruppen des Staats) durch seine niedrigeren Mächte und die Menschen, die sie repräsentieren.[74]

In der Tat, eines schönen Tages oder, besser, eines unheilvollen Tages begehen die Wächter Irrtümer in der Auswahl ihrer Gehilfen und ihrer Nachfolger.

Von nun an geht alles vom Schlechten zum Schlimmeren. Statt nur an das Gemeinwesen, an dessen Wohl, an das Wohl der ihnen anvertrauten Bürger zu denken, denken die – nunmehr dieses Titels unwürdigen – Wächter an sich selbst und begnügen sich nicht mit der Ehre und dem Gefühl der Pflichterfüllung, sondern suchen die Ehren und wollen den materiellen Genuß der Vergnügungen und der Güter dieser Welt. Statt die Diener des Gemeinwesens zu bleiben, versuchen sie, dessen Herren zu werden, und ist die Umwälzung einmal vollzogen,[75] so bemächtigen sie sich der Güter und Reichtümer ihrer Mitbürger, werfen die in Knechtschaft und bilden, nachdem sie deren Landbesitz unter sich aufgeteilt haben, über diesen eine erbliche Kaste von Kriegsherren. Der vollkommene, philoso-

72 Staat der Begierden für die einen, Staat der Sklaverei für die anderen.

73 Die Idee verwirklicht sich niemals in ihrer Vollkommenheit. Es ist immer ein Wurm in der Frucht.

74 Den fünf Typen von Gemeinwesen, die wir aufgezählt haben, muß man einen sechsten hinzufügen: das gesunde Gemeinwesen der Arbeit und der gegenseitigen Hilfe, wovon das Volk in allen Gemeinwesen die Überlieferungen bewahrt.

75 Keine Umwälzung hebt gänzlich den früheren Zustand auf, und deshalb bewahrt der timokratische Staat einige Spuren der aristokratischen Ordnung.

phische oder aristokratische Staat besteht nicht mehr. An seiner Stelle haben wir einen Militärstaat von der Art Spartas oder der dorischen Staaten auf der Insel Kreta. In diesen Staaten wird die Philosophie, die Wissenschaft, die Bildung des Geistes und der Seele nicht mehr geehrt und daher auch nicht mehr betrieben. Die rohen und groben Herren des Militärstaats sind nur noch an der Ausbildung und Disziplin der Körper interessiert. Bei der Erziehung der Kinder ersetzt die Dressur zum Kriegshandwerk alles übrige oder, wie Platon es ausdrückt, die Musik weicht der Gymnastik; die Tapferkeit, der Ehrgeiz und der militärische Ruhm erscheinen als die höchsten Werte und die größten Güter, und deshalb wird diese Staatsstruktur, die nur eine Aristokratie ist, der man das Beste und eben ihre Aristokraten genommen hat,[76] von Platon Timokratie oder Timarchie genannt, das heißt die Herrschaft der Ehre. Oder besser, des Ehrgeizes.

Was den Menschen des timokratischen Staats betrifft, so ist er – wie stets – ein vermindertes Abbild des Gemeinwesens. Es ist ein Mensch, bei dem der erzürnbare, leidenschaftliche und irrationelle Teil der Seele die Oberhand gewonnen hat. Deshalb ist er hart und grausam und verachtet, da er sie zu begreifen unfähig ist, die Erkenntnis und die Philosophie. Er hat nicht mehr die Leidenschaft des Wissens, es bleibt ihm allerdings die Leidenschaft der Ehre, oder vielmehr der Ehren.

Das timokratische Staatswesen ist, man mache sich das bewußt, ein sehr ungerechter Staat. Und ein Staat, worin ein Philosoph völlig unmöglich ist. Indessen glaubt Platon, daß der timokratische Staat – dessen Fehler er besser als jeder andere

76 Da das Besondere der Aristokratie in der Hingabe an die höheren Werte und an den Dienst des Gemeinwesens besteht (die einander implizieren), kann kein Gemeinwesen, das dieses Namens würdig ist, völlig ohne eine Aristokratie auskommen. Wenn die Aristokratie gänzlich verschwunden ist, wird die *Polis* eine Tyrannis.

kennt[77] – noch etwas vom Besten auf dieser Welt ist. Das kann befremdlich erscheinen. Man versteht es jedoch. Die Tapferkeit und die Ehre, die keineswegs die höchsten Werte sind, sind doch zumindest wirkliche Werte und denen überlegen, die in den anderen unvollkommenen Gemeinwesen an der Spitze der Werteskala liegen. Zweifellos sucht der timokratische Mensch *seine* Ehre und *seinen* Ruhm und nicht, zumindest nicht allein, den des Staates. Trotzdem findet er sie im Staatsdienst.

Leider ist der rein timokratische, rein militärische Staat ein nahezu unmöglicher oder zumindest äußerst instabiler Staat.[78] Er kann nur ein Haltepunkt auf einem Weg des Niedergangs sein. Wenn man näher hinschaut, ist es tatsächlich nicht der reine **thymos**, das leidenschaftliche, erzürnbare Element der Seele, das sich gegen die Macht der Vernunft erhoben hat; es ist der durch den begehrenden Teil, durch das in uns befindliche Element der Begierde, **thymos**. Wie kann man erwarten, wenn es sich so verhält, daß der, der Hilfe der Vernunft beraubte **thymos** den Regungen der Besitzgier und der Gier nach Vergnügungen widerstehe? Tatsächlich ist der timokratische Staat ein heuchlerisches verlogenes Gemeinwesen. Und der timokratische Mensch, dieser Mensch, der vorgibt, nur die Ehre oder doch die Ehren zu schätzen und zu suchen, liebt in der Tat das Geld und strebt nach Reichtum. Das tut er zweifellos nicht offen: amtlich rühmt er die »spartanische« Härte und Nüchternheit. Aber bei sich im Hause häuft er Gold und Silber an. Der

77 Nichts ist falscher als in Platon einen Sympathisanten Spartas zu sehen. Wenn er – wie jedermann – die Tapferkeit und Vaterlandsliebe der Spartaner, ihre Hingabe an das Gemeinwesen und an das Gesetz bewundert, so macht er sie doch stets zum Gegenstand der Kritik und Ironie.

78 Die dorischen Städte auf Kreta sind wie Sparta auch keine rein timokratischen Gemeinwesen, sondern Mischungen aus Timokratie und Oligarchie. Allgemein gesprochen kann sich keiner der von Platon beschriebenen Typen im Reinzustand verwirklichen.

kriegerische Timokrat ist in Wahrheit ein Geizhals – der Geiz und die Habgier der Spartaner waren in Griechenland sprichwörtlich –, und unmerklich verwandelt sich der Mann der Tapferkeit und der Ehre ebenso wie sein Staat in einen Geldmenschen und in einen Geldstaat.

Der Geldstaat, die *Oligarchie*, wie Platon ihn nennt, die Plutokratie, wie Aristoteles ihn nennt, und wir nennen ihn immer noch so, wird von Platon deutlich unter der Timokratie eingeordnet. In der Tat, »je mehr man den Reichtum anstrebt und je höheren Wert man ihm zuerkennt, desto geringeren gibt man der Tüchtigkeit… denn… legt man sie beide auf die Schalen einer Waage, so bewegen sie sich immer in entgegengesetzter Richtung«. Ist der oligarchische Staat, worin der Reichtum den Gipfel der Werteskala einnimmt und worin das Geld zu Ehren, zur Macht und zu den großen Staatsämtern führt, deshalb schon im Prinzip seiner Struktur und seiner Regierung verdorben?[79] Kann man da übrigens noch von einem Gemeinwesen sprechen? Schwerlich, denn der oligarchische Staat ist »nicht einer, sondern doppelt, der der Armen und der der Reichen, die denselben Boden bewohnen und sich unaufhörlich gegeneinander verschwören«. Der Geldstaat, der von innerer Feindschaft zerrissen wird und eine Beute des Kampfes der ihn bildenden Klassen ist, wird deshalb durch diese seine Natur ein schwacher Staat sein. Daher wird er auch friedlich sein. Jedoch nicht aus ehrlicher Friedensliebe, sondern einfach aus Furcht, der Furcht des inneren Feindes, der die oligarchische Regierung lähmen wird. Und Platon erklärt uns, daß es »den Oligarchen fast völlig unmöglich ist, einen Krieg zu führen, da sie gezwungen wären, das Volk zu bewaffnen, das sie dann noch mehr als den Feind fürchten«. Außerdem »hindert sie ihr Geiz daran, die Ausgaben für einen Krieg zu leisten«.

79 Der Oligarch dient nicht dem Staat, sondern bedient sich des Staats für seine persönlichen und partikularen Interessen.

Was den oligarchischen Menschen betrifft – Platon verhehlt uns nicht seine Verachtung für ihn –, so ist er »schmutzig, macht aus allem Geld und denkt nur ans Anhäufen von Schätzen; schließlich gehört er zu denen, die die Menge lobt. Ist ein solcher Mann nicht das Abbild der Regierung, die wir beschrieben haben?« Ohne Zweifel ist er ordnungsliebend, gewissenhaft und ehrlich, er führt ein geregeltes Leben, hat keine Laster, lebt nicht in Saus und Braus und unterliegt keinen Versuchungen[80]... Aber auch da geschieht es nicht kraft einer aufrichtigen Abneigung gegen das Schlechte und einer aufrichtigen Anhänglichkeit an das Gute, daß er so handelt, sondern aus Knickerigkeit und Geiz, aus Liebe zum Geld und der Angst, es zu verlieren. Und sogar, es auszugeben.

Der Geiz – das ist die herrschende Leidenschaft des oligarchischen Staats und seines Menschen. Der Geiz, die Sucht, sich zu bereichern, immer noch mehr zu besitzen und ebenso, selbstverständlich, die Angst, den angehäuften Reichtum zu verlieren. Deshalb verliert der oligarchische Staat, der von dieser doppelten Leidenschaft besessen ist, sozusagen den Kopf und schafft sich selbst die Bedingungen seiner eigenen Zerstörung. So begrenzt er nicht die Ausgaben der Privatleute, schützt nicht das Eigentum der Schuldner usw., um den Reichen zu erlauben, sich immer noch mehr zu bereichern und gelangt am Ende zur Konzentration des Reichtums in den Händen weniger und zur Entstehung einer ganzen Klasse Armer und vor allem Verarmter, »Drohnen«, wie Platon sie nennt (die Deklassierten unserer gegenwärtigen Gesellschaften); »Drohnen«, von denen einige

80 Es ist merkwürdig zu konstatieren, daß der Luxus und das Zurschaustellen des Reichtums nicht die Züge des oligarchischen Staats sind. Der Oligarch ist geizig; er will die Güter, die er besitzt, haben und nicht genießen. Die Leidenschaft der Verschwendung – die der des Erwerbens entgegengesetzt ist – charakterisiert nach Platon den demokratischen Menschen, der genießen und nicht anhäufen will. Daher läutet der Luxus das Totenglöcklein der Oligarchie.

mit Stacheln bewehrt sind. Nun findet man genau in dieser Klasse Verarmter und um ihren Besitz Gebrachter die Häupter des Volksaufstandes,[81] der die Regierung der Oligarchen stürzen wird. Denn die Klasse der Armen begnügt sich nicht stets damit, gegen die Reichen nur zu konspirieren. Eines schönen Tages schreitet sie zur Tat.

Der Geldstaat ist ein kranker Staat. Oder zumindest ein Staat, der eine Krankheit im Keim in sich trägt: »Deshalb wird ein Staat in einer analogen Situation beim geringsten Anlaß die Beute der Krankheit des Bürgerkriegs, während jede Partei von außen Hilfe herbeiruft, die einen von einem oligarchischen Staat, die anderen von einem demokratischen Staat;[82] manchmal entfesselt sich die Zwietracht sogar ohne jede auswärtige Intervention.« So bricht die Revolution aus, ob mit oder ohne auswärtige Intervention und »die Demokratie entsteht, wenn die Armen über ihre Feinde siegen, die einen hinrichten und die anderen verbannen und mit denen, die bleiben, die Regierung und die Ämter gleich verteilen: meistens werden die Ämter sogar mit dem Los gezogen«.[83]

81 Die Häupter des Volksaufstands finden sich nach Platon stets unter den Deklassierten. Das ist nicht der Fall beim Tyrannen, der aus den unteren Schichten der Bevölkerung stammen kann. Was die Rolle der »Deklassierten« und »Verarmten« betrifft, so gibt die Geschichte der Errichtung faschistischer Diktaturen ein Beispiel dafür.

82 Die wechselseitige Abhängigkeit von Innen- und Außenpolitik ist, wie man sieht, keine neue Erscheinung. Und die Fünfte Kolonne hat in der Antike ebenso und aus den gleichen Gründen gewütet wie in unseren Tagen.

83 Die höheren Beamten oder sogar die Repräsentanten des Volkes mit dem Los zu ziehen, statt durch eine Wahl zu entscheiden, erscheint uns (wie Platon) ziemlich absurd. Die Griechen sahen darin eine Garantie der Gleichheit der Bürger; und einen Schutz gegen Wahlfälschungen. Vergessen wir nicht, daß wir selbst die Geschworenen mit dem Los ziehen.

Wenn schon das oligarchische Gemeinwesen nur schwerlich behaupten konnte, ein Staat zu sein, da es deren zwei bildete, so hat das demokratische Gemeinwesen darauf in der Tat noch weniger Recht, da die Einheit und der Zusammenhalt, die einen Staat vor allem charakterisieren, dort überhaupt nicht vorhanden sind, und deshalb erhält die Demokratie in der Klassifikation der Staaten einen noch niedrigeren Rang als die Oligarchie.

Platon liebt die Demokratie nicht. Das ist gewiß. Auch wenn er für sie nicht die Verachtung hegt, die er für den oligarchischen Staat hat, so hat er doch keinerlei Sympathie für den demokratischen Menschen, der in Wahrheit nur ein freigelassener Oligarch ist oder einer, dem man die Bremse gelöst hat, die der Geiz und die Furcht vor dem Ruin dessen Begierden der Lust und des Luxus anlegten. Der Oligarch zügelte seine Begierden und gewährte nur den notwendigen Begierden Befriedigung;[84] der demokratische Mensch, diese »Drohne«, von der wir eben sprachen,[85] ist im Gegenteil der Mensch aller Begierden, der überflüssigen Begierden mehr noch als der notwen-

84 Platon verurteilt keineswegs die Sinne und auch nicht die Sinnesvergnügungen; aber er unterscheidet zwischen den notwendigen und normalen Begierden, deren Befriedigung für ein glückliches Leben unerläßlich ist, und den künstlichen Begierden, den Raffinements in der Suche nach Vergnügen, die eine Perversion der normalen Haltung des Menschen bedeuten. Aristoteles wird da keiner anderen Meinung sein.

85 Es ist sehr wichtig zu begreifen, daß der »demokratische Mensch« nicht der Vertreter der kleinen Leute, der Handwerker und Bauern usw. ist, die in dem verdorbenen Staat die Überlieferung des gesunden Staats, des Staats der Arbeit fortsetzen, sondern die »Drohne«, das heißt der verarmte Oligarch, der eben deshalb zum Feind der Oligarchie geworden ist; der Berufspolitiker, der seine Karriere (und sein Vermögen) in der Politik machen will; der Demagoge; und schließlich der Sohn des Oligarchen, der, von der väterlichen Disziplin befreit, seine lange gebremsten Begierden befriedigen will.

digen: »... er widmet den überflüssigen Begierden ebensoviel Geld, Mühe und Zeit wie den notwendigen Begierden ... «

»Wenn man ihm etwa sagte, einige Lüste rührten von edlen und guten Begierden her, andere aber von schlechten, und jenen müsse man nachstreben und sie ehren, diese aber bändigen und unterwerfen, so hat er immer nur eine Antwort, daß sie alle einander ähnlich sind und auf gleiche Weise zu ehren.«

»Mit einem Wort, er kennt keine Ordnung und Notwendigkeit in seinem Leben; sondern ein solches Leben nennt er anmutig und frei und glückselig und hält sich überall daran.«

Nicht mehr Sympathie als für den Menschen der Demokratie hat Platon für seinen Staat. Und boshaft wendet er seinen Schwung und Geist daran, die darin herrschende Unordnung, den Mangel an Disziplin,[86] die Unbeständigkeit, den Kult der Inkompetenz, den Relativismus und die Gleichgültigkeit gegenüber dem Gemeinwohl, die es mit sich bringt, daß irgendwer zur Regierung des Staats gelangen kann. Denn in der Demokratie hat man keinerlei Achtung für die Macht. Deshalb ernennt man dort die Beamten und die Regierenden, »ohne sich darum zu kümmern, durch welche Studien ein Politiker sich auf die Verwaltung des Staats vorbereitet hat, während es genügt, daß er sich einen Freund des Volks nennt, um mit Ehren überhäuft zu werden«.[87]

Ohne Zweifel erscheinen die Verfassung und die Lebensweise der Demokratie zunächst außerordentlich anziehend: ist es nicht in der Tat wahr, daß man »in einem solchen Staat frei ist, daß dort überall die Freiheit, die offene Rede und die Erlaubnis, zu tun was man will, herrschen«.

Leider ist von allen Regierungen oder, genauer, Regierungsformen (und denen der Nicht-Regierung) die Demokratie die

86 Ein jüngerer Autor hat den demokratischen Geist durch die Formel »der Staatsbürger gegen die Gewalten« definiert.

87 Die Demagogie ist daher für Platon die eigentümliche Krankheit und das Laster des demokratischen Gemeinwesens.

unbeständigste, die schwächste und die am wenigsten dauerhafte. Es ist ihr Prinzip selbst oder, wenn man das vorzieht, die fast unvermeidliche Übertreibung ihres Prinzips, die sie in den Untergang treibt, so wie die Übertreibung seines Prinzips den oligarchischen Staat in den Untergang getrieben hat. In der Tat, »das Gut, das man sich vorgesetzt hat und das zur Errichtung der Oligarchie diente, ist der übermäßige Reichtum… Folglich ist es die unstillbare Leidenschaft für den Reichtum und die Gleichgültigkeit, die sie für alles andere erregt, die die Oligarchie zugrunderichtet…«

Ebenso ist es die unersättliche Begier nach dem, was die Demokratie als ihr höchstes Gut betrachtet –, das heißt die Freiheit – die auch ihren Untergang verursacht.

Nichts ist schöner, tiefgründiger und aktueller, als die Seiten, auf denen Platon uns die Entstehung der Tyrannenherrschaft beschreibt, die unfehlbar durch den Rausch der Demokratie, die sich nicht selbst mäßigen kann, hervorgebracht wird.

Die Freiheit ist das höchste Gut des demokratischen Staats. Und »man hört in einem demokratischen Staat sagen, daß es das schönste von allem sei und daß es aus diesem Grunde der einzige Staat sei, worin ein frei geborener Mensch leben könne[88]… Folglich ist es die unersättliche Begier nach diesem Gut bei der Gleichgültigkeit gegenüber allem übrigen, die den

88 In der berühmten Rede des Perikles über die athenische Demokratie wird die Überlegenheit der Demokratie über alle anderen Regierungsarten auf die Tatsache zurückgeführt, daß in der Demokratie jeder an den Angelegenheiten des Staats teilnimmt, was bedeutet, daß alle Bürger dort wahrhaft frei sind und daß deshalb die Auslese der regierenden Eliten frei, nach dem Talent, und nicht nach Reichtum oder Geburt geschieht. Mit anderen Worten, für Perikles verwirklicht und verallgemeinert die Demokratie die wahrhafte Aristokratie. Für Platon verwirklicht die perikleische Demokratie die kollektive Tyrannis von Athen über seine Bundesgenossen. Und die nachperikleische Demokratie zerbricht unter der Demagogie.

Wechsel dieser Regierung herbeiführt und sie zwingt, zur Tyrannenherrschaft ihre Zuflucht zu nehmen«. Denn wenn sich der demokratische Staat »an reiner Freiheit berauscht«, dringt der Geist der Freiheit überall und rasch durch und verwandelt sich in Disziplinlosigkeit und in Anarchie … Nun »haben alle diese Mißbräuche zusammen schwerwiegende Folgen: sie machen die Bürger so mißtrauisch, daß sie bei dem geringsten Anschein von Zwang zornig werden und aufrührerisch, und sie gelangen bekanntlich dazu, die geschriebenen und ungeschriebenen Gesetze zu verhöhnen, um überhaupt keinen Herren mehr zu haben.«[89] Wenn sie das tun, fallen sie in die Gewalt zunächst des Demagogen und dann in die des Tyrannen. »Denn es ist gewiß, daß jedes Übermaß im allgemeinen zu einer gewaltsamen Reaktion führt … und bei den Regierungen stärker als überall sonst.« … Und deshalb kann »das Übermaß der Freiheit nur in einem Übermaß an Knechtschaft enden, beim Individuum sowohl wie beim Staat … und aus der äußersten Freiheit entsteht die äußerste und schrecklichste Knechtschaft.«[90]

Um diesen Prozeß richtig zu verstehen, muß man sich zunächst die soziale Zusammensetzung des demokratischen Staats deutlich vor Augen führen. Sie ist ungefähr die gleiche wie im oligarchischen Staat: die Reichen, das Volk und die deklassierten »Drohnen«, mit dem Unterschied allerdings, daß das Volk in der Oligarchie nichts zu sagen hat, während es in der Demokratie »das Volk, das heißt die Arbeiter und die Privatleute … mit einem ganz kleinen Vermögen sind, die ihrer Zahl wegen die mächtigste Klasse bilden«; und die »Drohnen«, die in der Oligarchie verachtet und den Staatsämtern ferngehalten werden, bilden im demokratischen Staat die – von Platon

89 Kein politisches System hat stärker als die Demokratie das Bedürfnis nach Disziplin und Gehorsam gegenüber dem Gesetz.
90 Die Tyrannis entsteht aus der Unordnung und der Anarchie. Wir sind gerade wieder Zeugen geworden, wie wohlbegründet diese Beobachtung ist.

am meisten gehaßte und verachtete – Klasse der Berufspolitiker, der Aufwiegler und Schmeichler des Volkes, die es zu allerart unrechten Schritten gegen die Reichen anstacheln, um »die Reichen ihres Vermögens zu berauben und es mit dem Volk zu teilen, wobei sie den größten Anteil für sich behalten«. Die besitzenden Klassen versuchen wohl, sich zu verteidigen; zunächst mit legalen Mitteln – was ihnen kaum gelingt und ihnen nur die Anklage einträgt, sich gegen das Volk zu verschwören und für die Oligarchie zu sein – und schließlich mit illegalen Mitteln. Die Verschwörung, die zunächst auf Einbildung beruhte, wird wirklich, und jetzt sieht man das Volk zur Beute der Angst werden. Die Furcht bestimmt von nun an die weitere Entwicklung und beherrscht das ganze Leben des Staats.[91]

Das Volk hat Angst: deshalb gibt es sich einen Chef, einen Beschützer, um es gegen die Machenschaften der Oligarchen zu verteidigen; und da dieser Beschützer deren Angriffen ausgesetzt ist, gibt ihm das Volk eine Leibwache, eine bewaffnete Macht, um ihn zu verteidigen und zu beschützen.[92] Von da an ist der Staat verloren. Der Beschützer des Volks, der nur ein angehender Tyrann ist, obwohl er »in der ersten Zeit alle anlächelt und begrüßt, denen er begegnet, und behauptet, er sei gar kein Tyrann, und ihnen vielerlei verspricht, einzeln und für alle, Befreiung von Schulden und Verteilung von Äckern dem Volk und seinen Günstlingen gewährt, und sich gegen alle gewogen und milde stellt«, kann doch nicht dabei stehen bleiben. Wenn er also mit den Feinden fertig ist, »wird er nicht aufhören, Kriege zu beginnen, damit das Volk einen Anführer braucht … und auch, damit die durch starke Steuern verarmten Bürger ge-

91 Wir haben gesehen, daß die Solidarität und nicht die Angst voreinander die letzte Grundlage des Gemeinwesens ist. Aber im verdorbenen Staat verdrängt die Angst die Solidarität. Die Sophisten haben deshalb Unrecht, in ihrer Sozialphilosophie einen Zustand des Verfalls als einen Normalzustand anzusehen.

92 Die Sturmtruppen der modernen Tyrannenherrschaften.

zwungen sind, sich um das alltägliche Überleben zu kümmern und sich weniger gegen ihn verschwören«. Dann, wenn die Unzufriedenheit sich auszubreiten beginnt, wird er alle die aus dem Wege schaffen – selbst seine alten Freunde –, die seiner Macht gefährlich werden könnten, und nachdem er seine Leibgarde durch Söldner und gesinnungsloses Volk verstärkt hat, wird er die Maske des Biedermanns abwerfen, und die Tyrannis offenbart sich in ihrem ganzen Schrecken.

Die Tyrannis ist die Herrschaft von Furcht und Verbrechen: der Tyrann herrscht durch die Furcht, aber er ist seinerseits auch eine Beute der Furcht.[93] Er hat Furcht vor dem Volk, das ihn haßt und das er unterdrückt. Aber er hat ebenso Furcht vor seinen eigenen Leibwächtern, die allein der Köder des Gewinns an seine Person bindet. Deshalb ist er gezwungen, ihre ungewisse Treue beständig neu zu erkaufen und sie dafür mit Geschenken und mit Geld zu überhäufen. Wenn er nun die öffentlichen Kassen erschöpft hat, wird er sich an die der Privatleute wenden, und schließlich wird er das Volk mit seinen überzogenen Forderungen ruinieren. Und so geschieht es, daß das Volk, »weil es, wie man sagt, den Geruch der Sklaverei vermeiden wollte, das Kleid der härtesten und bittersten Knechtschaft trägt, den Sklaven unterworfen zu sein« und sogar »dem Sklaven seiner Sklaven«.

Was den tyrannischen Menschen betrifft, diesen Mann, dessen Lob die Dichter und die Sophisten singen und die Tyrannis rühmen als »eine Sache, die die Menschen den Göttern gleich werden läßt«, so fehlt viel daran, daß er wahrhaft ein Übermensch sei oder ein übermenschliches Glück genösse. Ganz im Gegenteil: es genügt, die Methode der Analogie anzuwenden, um zu diametral entgegengesetzten Folgerungen zu gelangen.

93 Die wesentliche Rolle der Angst im tyrannischen Staat (dem faschistischen, nationalsozialistischen) wurde von Guglielmo Ferrero, *Pouvoir*, New York 1943, herausgearbeitet.

Tatsächlich ist notwendig der Tyrannenstaat ein armer Staat, der versklavt ist und eine Beute der Furcht. Es folgt daraus, daß die tyrannische Seele ebenfalls arm und ausgehungert ist, eine Beute der Furcht und voller Knechtschaft und Niedrigkeit.[94] Im Gegensatz zu dem, was das gemeine Volk glaubt, ist der Tyrann nicht frei, zu tun was er will, sondern »der Sklave seiner Sklaven«. Und ebenso ist die Seele des tyrannischen Menschen nicht frei, sondern seinen Leidenschaften unterworfen und von ihnen tyrannisiert. Sie ist unfähig, sich selbst zu regieren. Sie besitzt nicht sich selbst. Sie wird beherrscht von ihrem niedrigsten Teil, von dem wilden Tier, das in jedem von uns haust.[95] Nun ist das nicht allein eine krasse Perversion und eine tödliche Krankheit für die Seele. Es ist auch ein äußerst unglücklicher Zustand. Denn der tyrannische Mensch ist um so viel weniger glücklich als der »königliche« Mensch, der Aristokrat oder der Philosoph, wie der tyrannische Staat weniger vollkommen ist und daher weniger glücklich als der ideale und gerechte Staat. Und Platon macht sich das Vergnügen, es uns auszurechnen und diesen Unterschied in Zahlen anzugeben, mit dem Resultat, daß der gerechte Mensch siebenhundertneunundzwanzigmal glücklicher ist als der Tyrann.

Das ist alles richtig, wird man sagen. Dennoch zieht die Tyrannis die Menschen an. Und die Philosophie zieht sie nur wenig an. Könnte das nicht zufällig deshalb sein, weil die Lüste,

94 Die von Kallikles und Thrasymachos gerühmten Nietzsche vorgreifenden Helden erweisen, daß sie eine Sklavenseele besitzen.

95 Die menschliche Seele ist nach Platon nicht »von Natur aus« gut, oder, genauer, die menschliche Seele ist in ihrem Naturzustand leidenschaftlich, grausam, wild und völlig unmoralisch, was unsere Träume zur Genüge beweisen. Das ist einer der Gründe für die Bedeutung, die Platon der Erziehung beimißt: das wilde Tier muß entweder durch die Vernunft beherrscht oder durch Dressur gebändigt werden. Es ist unnötig, auf die Verwandtschaft dieser Lehre Platons mit gewissen neueren Theorien über das Unbewußte hinzuweisen.

die die Tyrannis gewährt, von niedrigerer Natur zweifellos als alle übrigen, doch trotzdem mächtiger oder intensiver sind? daß sie uns gerade deshalb in Ketten legen? – der Einwand erscheint schwerwiegend und entspricht der menschlichen Erfahrung. Und Platons Antwort, die wieder einmal auf die Lehre von der Dreiteilung der Seele gegründet ist, ist sehr merkwürdig. Und sehr tiefsinnig.

Erinnern wir uns, sagt er, daß wir in der menschlichen Seele drei verschiedene Teile unterschieden haben: »Wir haben einen Teil ausgemacht, durch den der Mensch erkennt, und einen, durch den er sich erregt; was den dritten betrifft, so hat er so viele verschiedene Formen, daß wir keinen einheitlichen und passenden Namen für ihn finden konnten; aber wir haben ihn durch das bezeichnet, was in ihm am wichtigsten ist und am meisten vorherrscht: wir haben ihn den Freund des Geldes genannt«; und wir können hinzufügen, »daß seine Lust und seine Liebe sich auf den Gewinn beziehen« ... »Was den irasziblen Teil betrifft ... so strebt er mit allen seinen Kräften nach der Herrschaft, dem Sieg und dem Ansehen.« Und wir haben ebenfalls festgestellt, daß diesen Teilen der Seele drei Klassen oder Typen von Menschen entsprechen: der Philosoph, der Ehrgeizige und der Gewinnsüchtige. Nun rühmt jeder von diesen Menschentypen als höchsten Wert denjenigen, der seiner besonderen psychologischen Struktur entspricht, und als die höchste und intensivste Lust diejenige, die uns durch die Befriedigung der Tendenzen und Bestrebungen des in ihm vorherrschenden Seelenteils zuteil wird.[96] Aber sollen wir sie alle für gleich halten? Platon glaubt das ganz und gar nicht, und zwar aus zwei, eng miteinander verbundenen Gründen. Zunächst scheint es, allgemein gesprochen, vernünftig zu sein, Vertrauen in die Behauptungen des Philosophen zu setzen, das heißt des

96 Der relativistische Irrtum besteht darin, sie alle auf dieselbe Ebene zu verlegen.

Menschen, dessen besondere Aufgabe es ist, die Wahrheit zu suchen und zu erkennen, statt in die eines Ehrgeizlings oder eines Tyrannen. Außerdem, und das ist das Hauptargument, kennt der Philosoph die Lüste und die Befriedigungen, die uns das Geld und der Ehrgeiz verschaffen; aber der Ehrgeizling und der Geizhals kennen nicht die Befriedigung, die dem Menschen der Gebrauch seiner Vernunft verschafft, und das Glück, das ihm die Gerechtigkeit bereitet, das heißt die Harmonie und das innere Gleichgewicht seiner Seele. Der eine spricht also von dem, was er aus der Erfahrung weiß, und die beiden anderen von dem, was sie nur vom Hörensagen kennen.[97]

Wir sind beinahe am Ende unserer Untersuchung. Wir sehen jetzt mit einer vollkommenen Klarheit, daß die Gerechtigkeit wirklich das größte Gut der Seele ist und daß der gerechte Mensch in jeder Lage unendlich viel glücklicher ist als der ungerechte. Wir haben verstanden, daß für den Menschen wie für das Gemeinwesen die Gesundheit und das Glück darin bestehen, von der Vernunft geleitet, regiert und beherrscht zu werden, das heißt durch das, was im eigentlichen Sinne in der Seele göttlich ist. Und das größte Unglück für den Menschen wie für das Gemeinwesen liegt in der Tyrannis.

Nun ist die Bedrohung von seiten der Tyrannis keine theoretische Bedrohung. Sie ist im Gegenteil höchst wirklich. Die wachsende Demoralisierung, die heimtückische Propaganda der Dichter, der Unterricht der Sophisten, die Demagogie der Volksredner, die ihre Schüler sind, alles treibt das unwissende und blinde Volk zur tyrannischen Herrschaft. Deshalb richtet

97 Daraus folgt leider, daß die Befriedigungen, die die Philosophie dem Philosophen verschafft, auch wenn sie höher oder tiefer als alle anderen sind, nur geringe Chancen haben, die Seelen anzuziehen, die durch ihre Natur der Philosophie fremd sind. Aber, was solls! *Philosophica philosophis scribuntur* (Philosophie wird für Philosophen geschrieben).

Platon nach dem Beispiel seines Lehrers Sokrates einen letzten Appell, eine letzte Warnung an die athenische Demokratie: »Haltet ein auf dem Weg zum Unheil. Nur noch ein wenig und es ist zu spät. Nur noch ein wenig und Athen stürzt sich kopfüber in den Abgrund.«

Fazit

Eine Frage stellt sich nunmehr und sogar eine doppelte Frage: ist erstens der fortschreitende Verfall der Formen des politischen Lebens nicht, so wie Platon ihn uns gelehrt zu haben scheint, unvermeidbar und unabänderlich? Kann man denn überhaupt, wenn nicht umkehren, so doch die Bewegung zumindest anhalten? Und wenn man zweitens sogar zugibt, daß das nicht unmöglich ist, welche Rolle könnte oder sollte dann der Philosoph bei dieser entscheidenden Unternehmung spielen?

Die Antwort auf die erste Frage scheint evident. Es scheint uns völlig klar zu sein und wir haben es übrigens auch schon gesagt, daß für Platon die wirkliche Geschichte der politischen Institutionen keineswegs mit ihrer idealen Geschichte identisch ist... Diese ist auf gewisse Weise unzeitlich. Sie offenbart uns die inneren Strukturen einer gewissen Anzahl wesentlicher Typen von Gesellschaften; die inneren Tendenzen, die sie beleben oder sogar beherrschen. Sie sagt uns nicht, daß eine gegebene Gesellschaft unter gegebenen Bedingungen, die Handlungen unterliegt, die von ihrerseits wieder determinierten Faktoren bestimmt sind, nicht »Etappen überspringen« könnte, sei es vorwärts oder rückwärts, oder sogar den Weg zurückgehen.[98] Sie sagt uns nichts über die Chronologie und über die Länge der

98 Die Geschichte von Athen, die Platon nur zu gut kannte, zeigt uns, daß die Oligarchie auf die Demokratie zumindest für eine Weile folgen kann, und daß die Demokratie sich wohl auf den Ruinen der Tyrannis errichten läßt.

Phasen, die sie beschreibt. Deshalb ist das Anhalten der Verfallsbewegung durch eine geeignete Reform des Staats keineswegs unmöglich, obwohl zweifellos außerordentlich schwierig.

Wenn es nun so ist, erscheint auch die Rolle des Philosophen mit vollkommener Klarheit. Was er tun oder zumindest versuchen soll, ist, das Gemeinwesen zu erziehen, das heißt seine Eliten erziehen,[99] ihnen die Achtung vor den wahren Werten geben oder zurückgeben.

Die Liebe zur Gerechtigkeit, die Aufopferung für das Gemeinwesen, die Achtung vor dem Gesetz ... Im Grunde ist das alles eins. Denn das Gesetz nicht zu achten, das Gesetz, das die Seele selbst des Gemeinwesens ist,[100] heißt, sich über es zu stellen, sich gegenüber dem Gemeinwesen vorzuziehen. Ist das nicht der Gipfel der Ungerechtigkeit für einen Bürger? »Der Feind der Gesetze«, dieser anarchische Mensch, den uns Platon beschrieben hat, der Pseudo-Bürger einer in Auflösung befindlichen Demokratie ist, im strengsten und stärksten Sinn des Begriffs, ein Feind des Gemeinwesens. Der anarchische Mensch ist schon der Tyrann – im Kleinen –, der den Tyrannen im Großen ankündigt und vorbereitet.

Das Gemeinwesen umerziehen, ihm wieder den Sinn der wahren Werte zu geben ... Das ist zweifellos eine schwierige und mühsame Aufgabe. Voller Ungewißheit und Risiken. Es ist indessen die Aufgabe, die uns obliegt und die die Demokratie

99 Das Beispiel der Elite zieht das Volk mit sich und richtet seine Moral wieder auf. Das Beispiel der verdorbenen Elite demoralisiert das Volk. Die Korruption beginnt stets oben. Der Irrtum des Sokrates, ein Irrtum, den er mit dem Leben bezahlt hat, bestand gerade darin, zu direkt vorgehen zu wollen und sich an die Masse zu wenden, die nicht in der Lage war, ihn zu verstehen und ihm zu folgen.
100 Die Achtung vor dem Gesetz ist das unterscheidende Merkmal der *Polis* sowohl für Perikles wie für Leonidas. Aristoteles wird darin das Besondere – und die Überlegenheit – der Griechen über die Barbaren sehen.

uns erlaubt, wenn nicht zu erfüllen – denn niemand kennt die Zukunft –, dann doch zumindest zu hoffen und zu versuchen.

Denn die Demokratie – wir haben es gesehen – ist eine Regierungsform, in der alles oder doch beinahe alles erlaubt ist. Das Schlimmste. Aber auch das Beste. In der man alles finden kann: den Sophisten und den Philosophen. Das ist der einzigartige Vorzug dieser Regierungsform. Ein Vorzug, der in Platons Augen gewaltig ist, und der dem Philosophen seine Rolle und seinen Platz im Kampf auferlegt. Noch einmal: Philosophieren und Politik zu machen ist eines, und den Sophisten zu bekämpfen bedeutet zugleich, das Gemeinwesen gegen die Tyrannis zu verteidigen.

Wird das Gemeinwesen durch die Philosophen gerettet werden? Darüber wissen wir zweifellos nichts. Aber gewiß ist, daß darin die einzige Chance des Heils liegt. Denn die Hoffnung, die manche nähren, den Staat reformiert und gerettet zu sehen durch einen von der Vorsehung gesandten Staatsmann, einen **politikos**, ein Haupt, ist illusorisch, absurd und widersprüchlich. Deswegen erinnert auch der Dialog *Politikos* uns daran, daß nur die Erkenntnis den Besitz und die Ausübung der Macht rechtfertigt, und daß folglich der ideale Staatsmann mit absoluter Macht, einer nicht durch das *Gesetz* begrenzten und umschriebenen Macht, sie nur dann *gerecht* ausüben kann, wenn er gleichzeitig mit einer absoluten Erkenntnis begabt wäre. Es steht außer Zweifel, daß ein Gemeinwesen, das von einem **politikos** geleitet und regiert würde, der eine solche »Erkenntnis« besäße, die sich nicht auf die allgemeinen Strukturen der Wesen – und der menschlichen Situationen – beschränkte, sondern sich auf Individuen ausdehnte, sehr viel glücklicher wäre als ein durch das Gesetz regiertes Gemeinwesen: das Gesetz ist, weil es allgemein ist, nie vollkommen auf den einzelnen Fall anwendbar... Leider ist eine solche Erkenntnis keine Sache menschlicher Fähigkeit. Der ideale **politikos** müßte ein Weiser, mehr noch, ein Gott sein. Wenn er ein Mensch wäre, das heißt, wenn ein *Mensch* sich über das Gesetz erhöbe, wäre er notwendig ein Tyrann.

Die absolute Erkenntnis ist wie das vollkommene Gemeinwesen nicht von dieser Welt. Wie die Beschaffenheit des Menschen, die menschliche Unvollkommenheit nun einmal sind, gibt es für das menschliche Gemeinwesen kein Heil außer dem Gesetz.

Beschaffenheit des Menschen, menschliche Unvollkommenheit... In der Tat hätten wir menschliche Perversion sagen müssen und deshalb ist die Rangordnung der Staatsformen, die wir im Abstrakten deduziert und errichtet haben, in der Realität umgekehrt. Wir haben die Rangordnung der »guten« Staaten errichtet: in der Wirklichkeit sind sie leider alle »schlecht«. Daher, wie man später sagen wird, *perversio optimi pessima* (am schlimmsten ist die Verkehrung des Besten)...

Daher ist nichts als Idee schöner als der »königliche« Staat des allmächtigen **politikos**, aber was ihm in der Realität entspricht, ist die unendliche Gemeinheit der willkürlichen Macht des Tyrannenstaates. Nichts ist »ehrenvoller« als der strenge Staat der Tapferkeit und der Ehre... aber wir wissen, daß er fast ebenso unmöglich zu realisieren ist wie der vollkommene Staat der absoluten Erkenntnis. Wir wissen, was ihm im Wirklichen entspricht, ist der heuchlerische, dem Gesetz, *seinem Gesetz* untreue Staat des ehrgeizigen, brutalen, eitlen und habgierigen Kriegers, das heißt etwas vom Schlimmsten auf dieser Welt; nach der Tyrannis, wohlverstanden.

Die Oligarchie, der Geldstaat, ist dem Staat der Tapferkeit unterlegen. Der Reichtum ist kein »Wert«; der Besitz ist kein Prinzip der Vereinigung; daher ist der Geldstaat schwach, weil er in sich geteilt ist. In der Wirklichkeit ist es noch einmal etwas anderes; in der Wirklichkeit ist die Oligarchie keineswegs, wie sie es nach *ihrem* Gesetz sein sollte, der Staat des Habens, sondern der des Erwerbens. Der Oligarch ist nicht der Patrizier, der besitzt, sondern der Geizhals, der rafft. Die wirkliche Oligarchie ist deshalb ein pervertierter Staat. Jedoch ist dieses Mal die Perversion in gewisser Weise *weniger* tief: es ist *weniger* weit vom Haben zum Erwerben als von der Ehre zur Eitelkeit. Wenn man aus geringerer Höhe fällt, schlägt man weniger tief ein. Daher ist die wirkliche Oligarchie, so pervertiert sie ist, in absoluten Begriffen weniger pervertiert als die (wirkliche) Timokratie. Da sie außerdem schwächer ist als diese, wirkt sie weniger tief und weniger stark auf ihre Mitbürger. Sie pervertiert sie also weniger. Das erklärt uns, warum die Oligarchie tatsächlich der Timokratie vorzuziehen ist: in der Tat ist der bürgerliche Staat besser als der feudale Staat.

Die Betrachtungen, die wir zur Oligarchie skizziert haben, lassen sich noch besser auf den demokratischen Staat anwenden, den Staat der Unordnung und der individuellen Meinung. In der Idee ist es das am wenigsten vollkommene Gemeinwesen, das schwächste, das am wenigsten einheitliche, das am wenigsten stabile... Gerade deshalb verdirbt sie so schnell, zerbröckelt und verwandelt sich in Demagogie, indem sie dem Gesetz, ihrem eigenen Gesetz der individuellen Freiheit untreu wird. Aber da ist die Perversion ganz klein, der Sturz minimal. Die wirkliche, sogar die pervertierte Demokratie ist der (wirklichen) Oligarchie bei weitem vorzuziehen. Dank ihrer Schwäche beeinflußt sie außerdem das intellektuelle und moralische Leben der Mitglieder des Staats kaum. Zweifellos erzieht sie sie nicht zum Guten. Aber zumindest deformiert sie sie nicht systematisch zum Schlechten. Schließlich ist das Gesetz des demokratischen Gemeinwesens an sich so locker, so wenig streng, daß es sich am leichtesten auf dieser Welt verwirklichen läßt. Deshalb ist auf dieser Welt, einer Welt der Unvollkommenheit und der Perversion, einer Welt der »schlechten« Staaten, die Demokratie bei weitem der am wenigsten schlechte. Vor allem, wenn es ihr gelingt, sich zu disziplinieren, und wenn sie nicht in die Anarchie fällt, die Mutter des Bürgerkriegs und der Tyrannenherrschaft.

Es scheint uns unnötig zu sein, auf der außerordentlichen Modernität, man könnte sogar sagen: der Aktualität von Platons politischem Denken zu insistieren. Zweifellos ähnelt nichts weniger einem modernen Staat als die antike *Polis*, wo jeder jeden kannte, und die man an einem Tag zu Fuß umrunden konnte. Genausogut könnte man eine antike Galeere mit einem modernen U-Boot vergleichen.[101] Und dennoch, wenn man diese leidenschaftlichen und strengen, zugleich tiefen und sarkastischen Seiten liest, auf denen Platon uns den Verfall der athenischen Demokratie beschreibt, die über die Anarchie und die Demagogie in die Diktatur und die Despotie gleitet, dann kommt der moderne Leser nicht darum herum sich zu sagen: *de nobis fabula narratur*... das ist unsere Geschichte.

Denn das antike Gemeinwesen und das moderne Gemeinwesen sind, so verschieden sie sein mögen, alle beide *menschliche* Gemeinwesen. Und die menschliche Natur, was man auch sagen mag, hat sich im Lauf der Jahrhunderte, die uns von Platon trennen, wenig verändert; es sind immer dieselben Triebkräfte, die Lockung der »guten Dinge« dieses Lebens, Reichtum, Vergnügen, Ehrgeiz, *honores, divitiae, voluptates*, die ihre Leidenschaften bewegen und bestimmen; es sind stets dieselben Motive, Ehre, Treue, Wahrheitsliebe und Eifer für das Gute, die ihre Handlung leiten und aufklären.

Und deshalb ist Platons Lektion und die Botschaft des Sokrates, die uns über die Jahrhunderte hinweg erreicht, für uns mit aktueller Bedeutung geladen.

Paßt auf, sagt er zu uns. Achtet auf die Erziehung des Gemeinwesens, seiner künftigen Bürger und seiner künftigen Politiker. Beschränkt euch nicht darauf, sie für diese oder jene Arbeit, Gewerbe oder Funktion auszubilden: die moralische Er-

101 Die modernen Verkehrsmittel haben in letzter Zeit den modernen Staat kleiner werden lassen. Man kann ihn nunmehr auch in einem Tag umrunden... im Flugzeug oder mit dem Auto.

ziehung, die Sorge für das Gemeinwesen macht die guten Bürger aus; vergeßt nicht, daß es die Freundschaft und die gegenseitige Hilfe sind, die das vereinende Band schaffen und seine Stärke ausmachen... Laßt nicht die Zwietracht, die Angst und den Haß im Staat Fuß fassen. Paßt auf: laßt nicht die Verachtung des Gesetzes einreißen und sich in seinem Innern ausbreiten. Die Verachtung des Gesetzes ist das Gift, das den Staat zersetzt; die Verachtung des Gesetzes führt zur Anarchie, und diese führt in gerader Linie zur Tyrannenherrschaft.

Paßt auf: verwechselt den Staatsmann nicht mit dem Demagogen, verwechselt den, der euch Licht in die Angelegenheiten bringt, nicht mit dem, der euch schmeichelt. Mißtraut dem Schmeichler: er wirkt nicht für euer Wohl, sondern für sein eigenes. Paßt auf: wählt diejenigen sorgfältig aus, die die öffentliche Gewalt in Händen halten, und laßt nicht zu, daß eine Aristokratie des Dienstes sich in eine Kakokratie des Ehrgeizes verwandelt.

Horst Günther

Alexandre Koyré und Platons Revanche

Wer Platon lesen und ihn mit Vergnügen lesen will, braucht ein wenig Hilfe. Zumal in Deutschland. Die Übersetzungen, die man dem deutschen Leser anbietet, sind zweihundert Jahre alt, und doch weniger frisch als die Shakespeare-Übersetzungen aus derselben Zeit. Platon hat das lebendige Gespräch im Wechsel von Frage, Antwort und Zweifel erfunden, den Dialog als Darstellung von Gedanken. Er hat die Ironie erfunden, mit der Sokrates die Selbstsicheren zum Staunen und die Besserwisser zum Eingeständnis ihres Unwissens bringt. Und er hat den Mythos in die Philosophie gebracht: wenn etwas an sich zu schwer verständlich ist oder nicht anschaulich genug, so erzählt er ein Gleichnis, wie ein Dichter und gegen die falschen Dichter, denn es ist ein Gleichnis der Wahrheit und keines des Scheins.

Es ist eine lebendige Sprache. Eine Sprache, die den tödlichen Ernst der Suche nach Wahrheit spielerisch unter den Formen der Umgangssprache versteckt. Einer Umgangssprache, die auf Märkten und Straßen und im Schatten von Säulenhallen wirklich gesprochen wurde, von den neugierigsten und frechsten, den intelligentesten jungen Leuten im Mittelmeerraum. Die Philosophie entsteht nicht dort, wo sich um Lehrende andächtige Kapellen bilden, sondern in den entwickeltsten Zentren des Austauschs von Gütern und Ideen, wo risikobereite Kaufleute und Künstler, die neue Dimensionen der Wirklichkeit erobern, fruchtbar aufeinanderstoßen, im Athen des 5. Jahrhunderts vor und im Florenz des 15. Jahrhunderts nach Christus.

Also etwas ziemlich Seltenes. Und man kann es dem Pastor Schleiermacher nicht so völlig verübeln, daß ihm das nicht so recht gelungen ist. Wenn im Griechischen eine Aussage durch fünf Wortpartikel angereichert wird, so wird sie dadurch lebendig, leicht und geschmeidig, aber wenn man diese im Deutschen alle übersetzen will, so erreicht man das Gegenteil. Das hätte er bei Henriette Herz und bei Rahel Varnhagen ruhig lernen können. Aber der deutsche Leser muß durch einen gestelzten Pedantentext hindurch ahnen, wie locker es da zuging, wie elegant Sokrates jemanden bei seiner Schwäche köderte, um ihn dann, wenn es um Erkenntnis und Wahrheit ging, schachmatt und in den Sand zu setzen.

Und dann gibt es da noch etwas. Die Begriffe altern. Sokrates streitet sich mit jungen Leuten und alten Managementberatern darüber, welche Fähigkeiten man braucht, um sich im öffentlichen Leben zu behaupten, um den Staat richtig zu leiten. Und diese Mischung aus Kraft und Energie, Einsicht und Tüchtigkeit heißt wie in den alten Schulbüchern im deutschen Text: Tugend. Wer soll da etwas verstehen? Und alles andere auch ist nicht etwa mit wachsender Kenntnis der Antike authentischer im Ausdruck, sondern immer noch in einer Sprache, die nie gesprochen wurde. Und daneben verändern sich die Dinge. Ein kleiner griechischer Freistaat zu Platons Zeit hatte sich ständig zu verteidigen. Nichts fällt einem jungen Leser, der vielleicht gerade seinen Zivildienst vor oder hinter sich hat, so schwer, wie die langen Erörterungen über die Wehrhaftigkeit in Platons *Staat*.

Es gibt eine Hilfe. Und nicht nur dafür. Alexandre Koyrē hat die klassische Einführung in die Lektüre Platons geschrieben. Ohne falsche Aktualisierung hat er die Sache und den Autor ernst genommen. Ein Staat in der Krise braucht Erkenntnis zu richtigem Handeln, braucht Aufrichtigkeit und Wahrheit. Er hatte es erlebt, wie die französische Oligarchie aus Angst vor einer Links-Regierung sich in die schmachvolle Unterwerfung unter die schäbigste Tyrannenherrschaft beugte. Das sind die Erfahrungen, von denen Platon und auch Thukydides handeln. Ein in sich selbst uneiniger Staat; seine besitzende Klasse, die sich lieber mit der besitzenden Klasse eines anderen Staats, auch unter den schlechtesten Bedingungen, arrangiert, als selbst Einigkeit zu schaffen; das war die Bande, die nach einer kurzen ›Drôle de Guerre‹ Frankreich verraten hat, weil sie vor lauter Bewunderung der deutschen Wehrmacht vierzehn Tage später England besiegt glaubte. Dazu sollte es nicht kommen.

Alexandre Koyrē hatte schon einige politische und philosophische Erfahrungen gesammelt, als er in geistiger Resistance an der von ihm mitgegründeten »Ecole libre des hautes ētudes« in New York Kurse über Platon hielt. 1892 wurde er in Taganrog in Rußland, wie eine Generation zuvor Anton Tschechow, geboren, besuchte die Schule in Tiflis und in Rostow, und erlebte die erste russische Revolution von 1905. Man konnte in Rußland sehr leicht verhaftet werden, und er las, frühreif, im Gefängnis Husserls *Logische Untersuchungen*. Das machte Eindruck. Er ging zum Studium nach Göttingen, um bei Husserl Philosophie und bei Hilbert Mathematik zu studieren. 1912 trieb es ihn weiter, nach Paris. Den Ersten Weltkrieg machte er als französischer Offizier und als russischer Freischärler mit. Er setzte sich für die Februar-Revolution von 1917 ein und gegen die Oktober-Revolution. 1919 kehrte er nach Frankreich zurück.

Unter den Philosophen ist Alexandre Koyrē der erste Wissenschaftshistoriker geworden, und unter den Historikern der exakten Wissenschaften ist er der einzige Philosoph. Ihm gelang die Verbindung vermeintlich rein metaphysischer Probleme, Beweise der Existenz Gottes, das Unendliche, mit der langwierigen Konstituierung des neuen astronomischen Weltbildes. Was eine alte, auf Erfahrung und Fortschritt bauende Wissenschaftsgeschichte noch als Reform deutete, sah er als ›Revolution‹ im modernen Sinn dieses Begriffs, der erst eine späte Folge der Französischen Revolution ist. Nicht eine Erweiterung des bisherigen Wissens, sondern Zerstörung und Neuaufbau bedeutete die zunächst gar nicht plausible, als Gedanke konstruierte kopernikanische Wendung, zu deren Durchsetzung Galilei eine neue, platonische und anti-aristotelische Physik schaffen mußte.

Diese ›Revanche Platons‹ wurde ein Lebensthema Alexandre Koyrés. Er fand sie in mittelalterlicher Metaphysik und ihren, von Descartes selbst verdeckten Beziehungen zu dessen Erneuerung der Philosophie. Daraus entstand ein wunderbares kleines Buch, *Descartes und die Scholastik* (1923, nachgedruckt von der Wissenschaftlichen Buchgesellschaft). In Frankreich war das Bedürfnis groß, sich über deutsche Philosophie zu unterrichten. Koyré tat mehr als den anderen bis heute gelungen ist, und von Deutschland aus war kaum jemand in der Lage, dieser genauen und tiefen Deutung Rechnung zu tragen. Koyré fing bei Mystikern und Schwarmgeistern an, schrieb über Valentin Weigel, Schwenckfeld und Paracelsus, eines der gelehrtesten Bücher über Jakob Böhme und aus genauer Kenntnis des Jenenser Hegel eine souveräne Kritik der Kurzschlüsse Heideggers in Sachen Zeit.

Seine eigene Forschungsarbeit galt der mühsamen Konstituierung des kopernikanischen Systems. Die *Etudes galiléennes* (1939) wurden zum großen Teil ein Opfer des Krieges, ihre Thesen wirkten erst durch Aufsätze in englischer Sprache wie ›Galileo and Plato‹ (1943; in: Koyré, *Studien zu Galilei*, Berlin 1988). Amerikanische Vorlesungen wurden auch der Anlaß zu einer kostbaren Synthese auf knappem Raum, die auf Deutsch unter dem Titel *Von der geschlossenen Welt zum unendlichen Universum* erschien. Mehr auf Kepler konzentriert sich die intensive Studie *La Révolution astronomique* (1961); und erst postum erschienen die *Newtonian Studies* (1965).

Obwohl Koyré der gängigen, empirisch und pragmatisch orientierten amerikanischen Wissenschaftsgeschichte denkbar fremd gegenüber stand und gelegentlich reines Entsetzen erregte mit Zweifeln an liebgewordenen Vorurteilen, erkannte man im Umkreis des 1939 gegründeten *Journal of the History of Ideas* und des Institute for Advanced Study in Princeton in einer durch bedeutende Emigranten lebendig gewordenen Atmosphäre schnell den einzigartigen Rang der Forschungsarbeit Alexandre Koyrés. In Deutschland tat man sich und tut man sich immer noch schwer damit. Der Opportunismus der einen und die geistige Trägheit der anderen verschleppten seine Wirkung, die unmittelbar nach dem Zweiten Weltkrieg fällig gewesen wäre, hätte man eine philosophische Wissenschaftsgeschichte und eine wissenschaftliche Geschichte der Philosophie aufbauen wollen.

Man wollte nicht. Und auch in den Jahren, als eine besser ausgebildete, neugierige studierende Generation offen dafür gewesen wäre, empfand man es als zu mühselig und konnte es mit den eigenen partikularen Interessen nicht vermitteln. Man zog stattdessen Derivate vor, die aus diesem Strom ihre Gärten bewässerten, von Thomas Kuhn und Paul Feyerabend. Und in einer Zeit mit kurzem Gedächtnis spielte es gewiß auch eine Rolle, daß diese noch lebten, während Alexandre Koyré 1964 gestorben war. Auch war er ein Zeitzeuge, und manche Elemente seiner Platon-Deutung versteht man besser, wenn man sie mit den gleichzeitig mit dem New Yorker Platon-Seminar entstandenen »Betrachtungen über die Lüge« liest (jetzt im *Freibeuter* 72, 1997).

Der gleiche unbestechliche Blick, ein Instrument der Analyse, das mit einem glatten Schnitt alles trennt, was sich aus Feigheit an die Lüge und mit der Lüge an die Selbsterniedrigung unter die Tyrannenherrschaft gehängt hat. Mangelnde Klarheit der Begriffe, mangelnde Fähigkeit zur Erkenntnis der Wahrheit und mangelnder Wille, selbst da, wo es nicht verboten war, selbständig zu denken. Begriffe altern, sagten wir; und andere kommen nicht zur Reife. Das deutsche öffentliche Bewußtsein krankt auch ein halbes Jahrhundert nach der Diktatur immer noch darunter, daß ihm verschiedene Begriffe fehlen oder völlig verschoben sind. So ist es dem Begriff ›Vernunft‹

nicht gelungen, wieder eingeführt zu werden. Wie der Begriff ›Aufklärung‹ ist es ein falsch verstandenes Wort, bei dem man sich nichts denken kann, außer unglücklicher Mathematikstunden und technischer Zerstörung der Welt. Aber ohne diesen Begriff ist keine Erkenntnis möglich.

Noch schlimmer beinahe steht es mit Begriffen, mit denen Schindluder getrieben wurde und dann plötzlich wieder getrieben wird. Koyrē hat Anlaß, öfter von ›Elite‹ zu sprechen. Damit meint er gerade keine feudalen Reste und noch weniger oligarchische Selbstermächtigungen. Es geht schlicht darum, daß bestimmte Fähigkeiten nicht allgemein und gleich verteilt sind. Zudem spricht Platon vom idealen Gemeinwesen im strengen Sinn, das also nicht real ist, als regulative Idee aber unser Handeln leiten soll. Und da ist nicht jeder gleich begabt zur unablässigen Anstrengung der gedanklichen Arbeit.

Platon hat es geschafft, das Wort ›Sophist‹ so in Verruf zu bringen, daß sich heute alle die zahlreichen Vertreter dieser sich stets vermehrenden Gattung anders nennen, und manche schrecken nicht davor zurück, sich den Namen des Philosophen zuzulegen. Denn Sokrates, der ihnen das vermasseln könnte, ist ja nun lange tot, und sie haben nach Kräften dazu beigetragen, daß es so ist. Da es nicht für alle Wörter einen verständlichen Ersatz gibt, muß man den Leser um Geduld bitten, wenn ein befremdliches Wort wie ›Elite‹ auftaucht, ihm versichern, daß es lohnt weiterzulesen, und daß die Sache noch ins Lot kommt, ehe das knappe Buch zu Ende ist. In diesem Falle ist die aktuelle Erfahrung, die Koyrē in den »Betrachtungen über die Lüge« beschreibt, die notwendige Ergänzung. Denn nicht die, die sich dafür hielten, »die totalitären Pseudo-Aristokratien« erwiesen sich am Ende als »gesellschaftliche Elite«, sondern gerade jene ganz anderen, denen diese das absprechen wollten und dafür vor keinem der Epitheta der totalitären Anthropologie zurückschreckten: die vorgeblich »degenerierten und bastardisierten« Volksmassen der demokratischen Länder waren es am Ende, die sich »als Glieder einer höheren Kategorie der Menschheit erwiesen, die aus denkenden Menschen bestehen«.

Die Erfahrungen mit den totalitären Staaten, die 1943, als Koyrē die »Betrachtungen über die Lüge« schrieb und das Platon-Seminar hielt, noch nicht an ihrem Ende, noch nicht absehbar waren, sind das Gegenstück zu dem Platon-Buch. Was eine furchtbare Wirklichkeit da zu registrieren nötigt, läßt sich hier aus dem uralten Text in seiner unverbrauchten Wahrheit darlegen. Daß Menschen gebildet werden müssen, daß einige von ihnen höhere Begriffe als die der Bereicherung und der Herrschaft über andere durch unablässige Arbeit der Erkenntnis entwickeln und befestigen müssen, wenn das Gemeinwesen, wie es damals in einigen Ländern geschah und in anderen wiederum droht, nicht vor die Hunde kommen soll.

Alexandre Koyrē hat eine klassische Einführung in die Lektüre Platons geschrieben. Es hat lange gedauert, bis sie bei uns angekommen ist. Das hat auch sein Gutes. Denn wir brauchen sie gerade jetzt.